hamlyn

QuickChicken

QuickChicken

Rezepte: Emma Jane Frost

Jedes Gericht in drei Varianten

30 Minuten | 20 Minuten | 10 Minuten

First published in Great Britain in 2012 by Hamlyn, an imprint of Octopus Publishing Group Ltd, Endeaver House, 189 Shaftesbury Avenue, London WC2H 8JY. Titel der englischen Originalausgabe:
Hamlyn QuickCook: Chicken.

Rezepte: Emma Jane Frost
Übersetzung: Bettina Snowdon
Lektorat: Aina Keller, Andreas Rommelspacher
Herstellung: Andreas Rommelspacher

Printed and bound in China

ISBN: 978-3-86528-766-3

Besuchen Sie uns im Internet: www.umschau-buchverlag.de

Alle Rezepte gehen von den folgenden Mengenumrechnungen für Löffel-Maßangaben aus:
1 Esslöffel (Flüssigkeit oder gestrichen) = 15 ml
1 Teelöffel (Flüssigkeit oder gestrichen) = 5 ml

Bitte heizen Sie Ihren Ofen auf die angegebene Temperatur vor. Bei Heißluft- oder Umluftöfen folgen Sie bitte den Angaben des Herstellers zu Backtemperaturen und -zeiten.

Bitte verwenden Sie für die Rezepte mittelgroße Eier, sofern nicht anders angegeben. Dieses Buch enthält einige Rezepte mit rohen oder nur kurz gekochten Eiern. Gesundheitlich anfällige Personen (Schwangere, stillende Mütter, ältere Menschen, Kranke, Babys und Kleinkinder) sollten Gerichte mit ungekochten oder nur kurz gekochten Eiern meiden.

Dieses Buch enthält Rezepte, in denen Nüsse und Nussprodukte verwendet werden. Allergiker und Menschen, die anfällig für allergische Reaktionen gegen Nüsse sind (Schwangere, stillende Mütter, ältere Menschen, Kranke, Babys und Kleinkinder), sollten Rezepte mit Nüssen und Nussöl meiden. Wir empfehlen außerdem, die Etiketten der verwendeten Produkte auf Angaben zu enthaltenen Nüssen und/oder Nussprodukten zu prüfen.

Inhalt

Einleitung

30, 20, 10 – schnell, schneller, am schnellsten

Mit diesem Kochbuch lässt sich auch mit wenig Zeit lecker kochen: Wählen Sie einfach das Rezept, das am besten zu Ihrem Zeitplan passt. Anregungen und Motivation für jeden Tag des Jahres finden Sie auf den folgenden Seiten

Und wie funktioniert's?

Jedes der Rezepte kann auf dreierlei Art zubereitet werden: als 30-Minuten-Version, 20-Minuten-Version oder als superschnelle 10-Minuten-Version. Am Anfang eines Kapitels sind alle Rezepte nach Zubereitungszeit aufgeführt. Wählen Sie aus, wofür Sie gerade Zeit haben und schlagen Sie die entsprechende Seite auf.

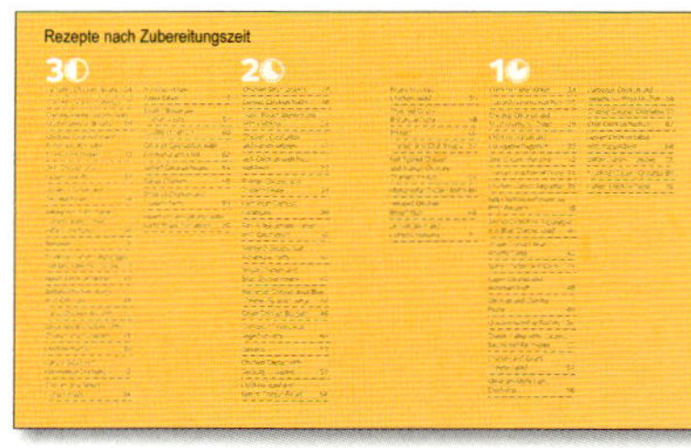

Auf jeder Doppelseite finden Sie ein Hauptrezept mit Foto und darunter zwei Varianten mit jeweils unterschiedlicher Zubereitungszeit.

Hat es Ihnen geschmeckt? Dann probieren Sie doch die anderen Versionen. Wenn Ihnen das Mozzarella-Hähnchen auf Brot (20 Minuten) gefallen hat, können Sie es beim nächsten Mal in der kürzeren Variante ausprobieren.

Sie mochten die Zutaten und den Geschmack des Hähnchen-Laksas mit Reisnudeln (10 Minuten)? Dann probieren Sie doch auch die Hähnchen-Reisnudel-Pfanne mit Gemüse (20 Minuten) oder lassen Sie sich zum aufwändigeren Thai-Hähnchencurry inspirieren.

Oder Sie wählen eines der 360 Rezepte und kochen dann die Version, die am besten zu Ihrem Zeitbudget passt.

Noch mehr Inspiration finden Sie auf den Rezeptideen-Seiten 12 bis 19: Dort sind die Rezepte nach Themen geordnet, zum Beispiel *Herzhaft und bekömmlich* oder *Für Picknick und Mittagspause.*

Rund ums Hähnchen

Keine andere Fleischsorte wird auf der Welt so häufig gegessen wie Hähnchen. Es ist lässt sich schnell und vielseitig zubereiten und wird für seinen milden Geschmack geschätzt.

Und: Es passt wunderbar zu den unterschiedlichsten Aromen, ob typisch mediterran oder würzig-indisch, und fast jede Küchenrichtung kann mit Hähnchen umgesetzt werden – vom asiatischen Pfannengerührten und Grillgerichten mit Knoblauch oder Kräutern über kräftig aromatisierte Curries, warme und kalte Salate und Pastagerichte bis hin zu pikanten thailändischen Kokosrezepten, Coq au Vin oder anderen Schmorgerichten. Die Möglichkeiten sind fast grenzenlos.

Kochtechniken und Tipps

Eine Küchenmaschine und ein kleiner Mixer sind wertvolle Küchengeräte, die Zeit sparen. Ein guter Gemüseschäler und eine Knoblauchpresse übernehmen die kleinteiligen Arbeiten, gute scharfe Messer wiederum beschleunigen die Zubereitung und machen das Schneiden leichter. Wenn Sie größere Mengen an Gemüse auf Vorrat zubereiten und diese portionsweise in Beuteln einfrieren, können Sie eine Mahlzeit im Handumdrehen fertigstellen.

Schnell und gut

Hähnchenfleisch wird von vielen Köchen aus den unterschiedlichsten Gründen geschätzt, nicht zuletzt, weil es sich ohne Aroma- oder Texturverlust bis zu zwei Jahren einfrieren lässt. Eine besonders wertvolle Eigenschaft ist zudem seine kurze Garzeit. Dieses Buch präsentiert 360 Rezepte und Varianten, jedes davon ist in höchstens 30 Minuten fertig.

Das gilt natürlich nicht für das ganze Tier, sondern vor allem für die Einzelteile – ob Flügel, Schenkel oder Brust. Denken Sie daran, Hähnchenschenkel schon entbeint zu kaufen, sodass Sie das Fleisch problemlos flach klopfen oder in Stücke schneiden können. Wenn das Rezept ganze Schenkel vorsieht, empfehlen sich kleine Exemplare mit einer geringeren Garzeit. Bekommen Sie weder entbeinte noch kleine Hähnchenschenkel, dann können Sie den Garprozess mit einigen tiefen Einschnitten in der Fleischoberfläche beschleunigen. Für Hähnchenbrust gilt: Klopfen Sie das Fleisch flach oder schneiden Sie es ein, so wird es schneller gar.

Wenn kleine Hähnchenbruststücke im Rezept verlangt werden, sind Mini-Hähnchenbrustfilets eine gute Alternative. Sie sind sehr zart und ihre schnelle Zubereitungszeit rechtfertigt den höheren Preis.

Die steigende Nachfrage nach (Halb-)Fertiggerichten hat dazu geführt, dass Hähnchenfleisch häufig bereits mariniert oder vorgewürzt angeboten wird. Geräucherte Hähnchenbrust beispielsweise passt hervorragend zu Salaten oder Pizza, Hähnchen mit Tikka-Aroma eignet sich für aromatische Sandwiches, und mit Barbecue- oder Cajunhähnchen eröffnen sich ganz neue Geschmacksvarianten.

Eine gesunde Wahl

Ein weiterer Grund, der Hähnchenfleisch so beliebt macht, ist sein geringer Fettgehalt. Gedämpft, gegrillt und selbst in wenig Fett gebraten, werden daraus die magersten, gesündesten Fleischgerichte überhaupt. Im Kapitel „Gesund und festlich" finden Sie zahlreiche Gerichte, die mit viel Geschmack überzeugen, dafür aber mit wenig Fett oder Salz auskommen und so auch für Diäten geeignet sind.

Für die große Aromenvielfalt sorgen Knoblauch, Ingwer, Gewürze und viele frische Kräuter – mit ihnen wird es auf dem Teller nie langweilig. Wer außerdem Kalorien reduzieren möchte, ersetzt im Rezept beispielsweise Sahne oder Butter mit fettarmem Joghurt und verzichtet auf die das Fleisch des Hähnchenflügels und die Haut, unter der das meiste Fett sitzt.

Rezeptideen für Familie und Freunde

Fast jeder mag Hähnchen. Ein echter Partyhit ist das Harrisa-Hähnchen (Seite 212), das kalt oder warm serviert werden kann. Wenn Sie in kurzer Zeit etwas Beeindruckendes servieren wollen, dann liegen Sie mit der schnellen Paella mit Artischocken, Chorizo und Bohnen (Seite 216) richtig, und bei einer Dinnerparty können Sie mit gebackenen Hähnchenbrüsten mit Estragonsauce punkten (Seite 214).

Auch und gerade Kinder lieben Hähnchengerichte und sind durchaus für Experimente offen. Wie wäre es zum Beispiel mit einer leckeren Hähnchen-Pesto-Pasta (Seite 76) oder mit einem Ausflug in neue Geschmacksrichtungen? Ob Kartoffel-Hähnchen-Gratin mit Speck und Thymian (Seite 100) oder Kokos-Spinat-Suppe mit Curry (Seite 142): Die Kleinen werden es mögen.

Also dann: Nehmen Sie Hähnchenfleisch, frisch oder aus dem Tiefkühlschrank, entscheiden Sie sich für eines der Rezepte und freuen Sie sich auf die glücklichen Gesichter, wenn Sie das Essen servieren. Der Erfolg bei Ihrer Familie und Ihren Gästen ist Ihnen sicher – egal, welches Rezept Sie heute aus diesem Buch auswählen!

Würzig

Heizen Sie richtig ein mit dieser Auswahl würziger Gerichte

Hoisinhähnchen mit Sojasprossen-Wraps 42

Pastasalat mexikanische Art 56

Würzige Hähnchen-Naans 64

Rote Thai-Currysuppe 98

Paprikahähnchen mit Nudeln 104

Orientalisches Hähnchenhack 106

Hähnchen-Chili-Pasta 118

Würzige Chickenwings mit Avocadosalsa 136

Estragon-Hähnchenburger mit Salsa 162

Hähnchenchili mit Kartoffel-Wedges und Guacamole 174

Piri-Piri-Pfanne 202

Harissa-Hähnchen 212

Fruchtig

Eine Zusammenstellung leckerer Rezepte mit frisch-fruchtigem Aroma

Hähnchenspieße mit Zitrone und Minze 70

Fruchtige Hähnchenpfanne nach marokkanischer Art 78

Coronation Chicken 82

Hähnchen-Biryani 130

Mango-Kokos-Curry mit Koriander 172

Hähnchen mit Blauschimmelkäse und Mangochutney 213

Hähnchen-Tajine mit Aprikosen, Pflaumen und Mandeln 220

Limetten-Chili-Hähnchen mit Süßkartoffelpüree 246

Zitronenhähnchen mit Blattgemüse 250

Würzige Hähnchenschenkel mit Limette 262

Warmer Hähnchensalat mit Pinienkernen und Rosinen 266

Kräuterquinoa mit Zitrone und Hähnchenbrust 268

Klassiker

Beliebte Gerichte und All-Time-Favorites für die ganze Familie

Caesar's Salat mit Hähnchen, Speck und Parmesan 52

Hähnchenomelett mit Käse 60

Hähnchenschenkel aus der Pfanne mit Knoblauch-Bohnen-Mus 84

Kartoffel-Hähnchen-Gratin mit Speck und Thymian 100

Schnelles Hähnchencurry 110

Überbackenes Hähnchen mit Käse und Brokkoli 120

Gebackene Hähnchenschenkel mit Wurzelgemüse und Honig 128

Gefüllte Hähnchenbrust mit Speck 146

Hähnchen-Lauch-Pie mit Petersilie 154

Coq au Vin 204

Hähnchen-Minestrone 240

Hähnchen-Ratatouille 258

Mediterrane Genüsse

Rezepte mit den reichen Aromen der Mittelmeerländer

Souvlaki 38

Hähnchen-Pesto-Pasta 76

Basilikum-Ricotta-Hähnchen mit getrockneten Tomaten 94

Tomaten-Hähnchen-Paprika-Tartes toskanische Art 132

Hähnchen-Parmigiana 180

Hähnchenschenkel mit Oliven und grünen Bohnen auf griechische Art 182

Gazpacho-Grillhähnchen-Salat 186

Hähnchen-Fenchel-Risotto mit Wermut 194

Hähnchen-Köfte 270

Schnelle Paella mit Artischocken, Chorizo und grünen Bohnen 216

Gebratenes Hähnchen mit Zitrone, Oliven und Safran 274

Joghurthähnchen-Spieße mit griechischem Salat 276

Herzhaft und bekömmlich

Sättigende gesunde Gerichte für die ganze Familie

Hähnchen-Pasta mit Brokkoli und Chorizo 88

Rotes Thai-Curry mit Hähnchenhackbällchen 90

Hähnchen mit Kartoffeln, Spinat und Blauschimmelkäse 112

Hähnchen-Mais-Chowder 114

Bohnen-Tomaten-Pfanne mit Würstchen und Hähnchen 122

Hähnchen mit Backed Beans 134

Hähnchen-Pie mit Speck und Pilzen 138

Kokos-Spinat-Suppe mit Curry 142

Pesto-Hähnchenbällchen in Tomatensauce mit Pasta 158

Hähnchenpfanne mit Linsen 164

Geröstete Rote Bete, Kürbis und Thymian-Hähnchenschenkel 222

Hähnchen-Auberginen-Auflauf 242

Für Picknick und Mittagspause

Leckere Mahlzeiten, die sich einfach mitnehmen lassen, wenn Sie es eilig haben

Hähnchen-Salsa-Wraps 24

Fenchel-Hähnchen-Tomaten-Pizza 34

Buffalo-Chickenwings mit Coleslaw 44

Cajunhähnchen mit Avocado 46

Hähnchenspieße mit Chorizo und Salbei 48

Hähnchen-Panini mit Ziegenkäse und Basilikum 54

Hähnchen-Spinat-Päckchen mit Feta 96

Warme Hähnchenleberpastete 188

Hähnchen-Spinat-Tarte mit Ziegenkäse und Zwiebelchutney 192

Panzanella mit Hähnchen 196

Hähnchen-Couscous-Salat 248

Pilz-Hähnchen-Frittata mit Kräutern 254

Imbiss zum Mitnehmen

Machen Sie Ihren Lieblingsimbiss zu Hause einfach selbst

Hähnchen-Samosas mit Curry 26

Jerk-Hähnchen mit gebratener Paprika 32

Hähnchen-Nachos 50

Barbecuehähnchen-Pizza 58

Hähnchen mit rustikalen Pommes frites 108

Hähnchen-Korma 148

Fajitas 168

Hähnchen-Tacos 234

Hähnchen-Pilaw mit Blumenkohl, Spinat und grünen Bohnen 244

Frühlingsrollen mit Hähnchen und Garnelen 256

Hähnchen-Tikka-Spieße mit rotem Zwiebelrelish 260

Hähnchenbrust mit Cashewkernen und Austernsauce 278

Für später

Gerichte, die gut vorzubereiten sind und später gegessen werden können

Hähnchen-Quesadillas mit Koriander und Chili 62

Bruschetta mit geräucherter Hähnchenbrust 68

Hähnchen-Satay 92

Knusprige Pfeffer-und-Salz-Hähnchenschenkel 102

Hähnchen-Speck-Gemüse-Schichtauflauf mit Käse 144

Barbecue-Stubenküken mit Mais und Chilisalsa 150

Warmes Hähnchen-Ciabatta mit Salsa und Rucola 152

Vollkorn-Hähnchen-Sticks mit Zitronenmayonnaise 156

Mit Sojasauce glasierte Drumsticks 170

Sesam-Thymian-Spieße mit würzigem Kichererbsenpüree 190

Hähnchen-Drumstick-Jambalaya 236

Spanische Hähnchen-Kartoffel-Pfanne 252

QuickChicken

Snacks und Leichtes für zwischendurch

Rezepte nach Zubereitungszeit

30

20

10

10 Hähnchen-Salsa-Wraps

Für 4 Personen
200 g Tomatensalsa
4 weiche Weizentortillas
250 g gekochtes Hähnchenfleisch mit Barbecuewürze, in Stücke geschnitten
¼ kleiner Rotkohl, geraspelt
2 Karotten, grob geraspelt
4 Frühlingszwiebeln, in feine Ringe geschnitten
150 ml Salatsauce (z. B. mit saurer Sahne) zum Servieren

- Die Tomatensalsa auf die Tortillas geben und gleichmäßig daraufverstreichen. Je ein Viertel vom Hähnchenfleisch zusammen mit Kohl, Karotten und Frühlingszwiebeln in die Mitte geben.
- Salatsauce daraufgeben und einrollen. Halbieren und mit grünem Salat servieren.

---

20 Hähnchen-Salsa-Taschen 4 Backkartoffeln (à ca. 150 g) 10–15 Minuten in der Mikrowelle weich kochen. Währenddessen gekochtes Hähnchenfleisch mit Barbecuewürze in Stücken mit ¼ kleinen geraspelten Rotkohl, 2 grob geraspelten Karotten und 4 gehackten Frühlingszwiebeln mischen. 4 EL Mayonnaise unterrühren und mit Salz und Pfeffer würzen. Die Kartoffeln aufschneiden, mit der Hähnchenmischung füllen und Tomatensalsa aus dem Glas oder Tetrapack daraufgeben.

---

30 Balsamicohähnchen-Wraps 3 Hähnchenbrüste ohne Haut und Knochen in Scheiben schneiden, in einer Mischung aus 2 EL Balsamico, 2 EL Olivenöl und 1 zerdrückten Knoblauchzehe wenden. Mit Salz und Pfeffer würzen. Portionsweise in einer heißen Pfanne 1–2 Minuten auf jeder Seite braten, bis das Fleisch gar ist. Mit 200 g Tomatensalsa, ¼ kleinen geraspelten Rotkohl, 2 geriebenen Karotten und 4 in Ringe geschnittenen Frühlingszwiebeln auf warmen Weizentortillas verteilen. Saure-Sahne-Salatsauce daraufgeben, einrollen und servieren.

30 Hähnchen-Samosas mit Curry

Für 4 Personen
200 g Kartoffeln, fein gewürfelt
100 g gemischtes TK-Gemüse (z. B. Erbsen, Mais und Karotten)
200 g gekochtes Hähnchenfleisch, in Stück geschnitten
1 EL mittelscharfe Currypaste
1 EL Mangochutney zzgl. etwas zum Servieren
8 TK-Filoteigblätter, aufgetaut, längs halbiert
1 EL Sonnenblumenöl
1 EL Mohnsamen

- Den Ofen auf 200 °C vorheizen. Kartoffeln in kochendem leicht gesalzenem Wasser 5 Minuten garen, das Gemüse zum Schluss zugeben, damit es auftaut.
- Währenddessen Hähnchen, Currypaste und Mangochutney mischen. Gemüse abgießen, zum Hähnchen geben und gut vermischen.
- 2 EL der Mischung auf die Ecke eines halben Filoteigblattes geben. Die Enden darüberfalten, sodass ein Dreieck entsteht. Auf diese Weise weiterfalten, dabei die Dreiecksform beibehalten, bis der Teig verbraucht ist. Auf ein Backblech legen und mit der übrigen Füllung und dem Teig ebenso verfahren. Auf diese Weise acht Samosas herstellen.
- Die Samosas mit Öl bestreichen, mit Mohn bestreuen und im Ofen 15 Minuten knusprig backen. Mit Mangochutney servieren.

10 Curryhähnchen mit Reis 250 g gekochten Basmatireis mit 1 EL mittelscharfer Currypaste und 1 EL Mangochutney mischen. 200 g gekochtes Hähnchenfleisch in Stücken und 150 g TK-Gemüse zugeben. Etwa 5 Minuten in der Mikrowelle erhitzen. Mit Mangochutney und Pappadams servieren.

20 Curryhähnchen-Blätterteig Den Ofen auf 200 °C vorheizen. 1 Rolle Blätterteig aus dem Kühlregal (400 g) in vier Rechtecke schneiden. In einer Schüssel 200 g gekochtes Hähnchenfleisch in Stücken, 1 EL mittelscharfe Currypaste und 1 EL Mangochutney mischen. 200 g fein gewürfelte Kartoffeln und 1 Handvoll Maiskörner aus der Dose dazugeben. Die Füllung auf einer dreiecksförmigen Hälfte jedes Teigquadrats platzieren. Die Ränder mit 1 kleinen verquirlten Ei bestreichen und den Teig zu Dreiecken zusammenfalten, Ränder zusammendrücken. Auf ein Backblech setzen. Mit Ei bestreichen und im Ofen backen, bis der Teig goldbraun und aufgegangen ist. Heiß mit Mangochutney servieren.

30 Cremiges Kräuterhähnchen mit Pilzen auf Bagels

Für 4 Personen

4 Bagels, halbiert
25 g Knoblauchbutter aus dem Kühlregal, streichfähig
2 EL Olivenöl
1 kleine Zwiebel, gehackt
2 Hähnchenbrustfilets ohne Haut, in Scheiben geschnitten
200 g braune Champignons, geviertelt
2 EL Sherry
200 g Crème fraîche
2 EL gehackte glatte Petersilie
Salz und frisch gemahlener schwarzer Pfeffer

- Den Ofen auf 190 °C vorheizen. Bagelhälften mit den Schnittflächen nach unten auf Backpapier legen, mit der Knoblauchbutter bestreichen und im Ofen 10–15 Minuten knusprig backen.
- Währenddessen das Öl in einer Pfanne erhitzen, Zwiebel zugeben und 3 Minuten braten. Hähnchen ebenfalls zugeben und 5 Minuten braten. Dann die Pilze hinzufügen und weitere 5 Minuten braten, bis sie weich sind. Sherry zugeben und zum Kochen bringen, dann die Crème fraîche und Petersilie unterrühren und mit Salz und Pfeffer würzen. Unter Rühren köcheln lassen, dabei etwas Wasser zugeben, wenn die Mischung zu dick wird. Über die Bagels geben und servieren.

10 Cremiges Hähnchen mit Pilzen auf Toast

125 g in Scheiben geschnittene Pilze in 25 g Knoblauchbutter 3 Minuten weich braten. 400 g Hähnchen in Sahnesauce aus der Dose unter Rühren wenige Minuten erhitzen. Dann 1 EL gehackte glatte Petersilie unterrühren und auf warmem gebutterten Toast servieren.

20 Knoblauchpilze mit Hähnchen

Den Ofen auf 200 °C vorheizen. 4 Riesenchampignons mit den Stielen nach oben auf Backpapier legen. Je 25 g Knoblauchbutter daraufgeben, mit Salz und Pfeffer würzen und im Ofen 15 Minuten backen, bis sie weich sind. Währenddessen 1 gehackte kleine Zwiebel und 2 Hähnchenbrustfilets, in Stücke geschnitten, in 1 EL Olivenöl 5 Minuten braten. 200 g Crème fraîche und 2 EL gehackte glatte Petersilie unterrühren. Mit Salz und Pfeffer würzen und 5 Minuten köcheln lassen, dabei etwas Wasser zugeben, wenn die Mischung zu dick wird. Über die Knoblauchpilze geben und servieren.

20 Hähnchenspieße mit Zucchini und Speck

Für 4 Personen

16 Scheiben durchwachsener Speck
2 Zucchini, jeweils in 8 Stücke geschnitten
3 Hähnchenbrustfilets ohne Haut, jedes in 8 Stücke geschnitten
1 EL Sonnenblumenöl
2 EL flüssiger Honig
1 EL grober Senf
Mais und Erbsen zum Servieren

- Den Ofengrill vorheizen.
- Die Speckscheiben mit etwas Druck eines Messerrückens jeweils in die Länge ziehen. Jeden Streifen halbieren und um ein Stück Zucchini wickeln. Abwechselnd mit den Hähnchenfiletstücken auf acht Spieße stecken.
- Die Spieße auf ein mit Alufolie belegtes Backblech legen. Öl, Honig und Senf zusammen in einem kleinen Topf erhitzen. Auf die Hähnchenspieße pinseln und 10 Minuten im Ofen grillen, dabei gelegentlich wenden und mit der restlichen Honigmischung bestreichen, bis der Speck knusprig und das Hähnchen gar ist. Mit Mais und Erbsen servieren.

10 Hähnchen-Zucchini-Speck-Baguette

2 Zucchini längs in Streifen schneiden und auf ein mit Alufolie ausgelegtes Backblech legen. Mit etwas Öl, Honig und Senf bestreichen und zusammen mit 4 Speckscheiben 5 Minuten grillen, bis die Zucchini weich sind und der Speck knusprig. 1 Baguette in vier Stücke schneiden, längs halbieren, buttern und mit 250 g gekochtem, in Scheiben geschnittenem Hähnchen, Zucchini und Speck füllen.

30 Hähnchen-Zucchini-Speck-Spieße mit Maissticks

Hähnchen-Zucchini-Speck-Spieße mit Maissticks Spieße wie oben beschrieben zubereiten. 4 EL Mehl, ¼ TL Backpulver und 1 Prise Salz in eine Schüssel geben. 2 Eier zugeben und zu einem weichen Teig glatt rühren. 400 g Mais aus der Dose abgießen, dazugeben und vermengen. 2 EL Sonnenblumenöl in eine Pfanne geben, die Mischung löffelweise hineingeben und 3 Minuten braten, bis sie gestockt und an der Unterseite goldbraun ist. Umdrehen und weitere 2 Minuten backen. Mit der übrigen Mischung ebenso verfahren und mit den Spießen servieren.

30 Jerk-Hähnchen mit gebratener Paprika

Für 4 Personen

1 EL Sonnenblumenöl
8 Hähnchenunterschenkel (Drumsticks)
1 rote Paprika, in Stücken
1 grüne Paprika, in Stücken
125 g Zuckererbsen
1 Mango, entsteint, Fruchtfleisch gehackt
Saft von 1 Limette
600 ml kräftige Hühnerbrühe
1 EL Sonnenblumenöl

Für die Jerkpaste

1 rote Zwiebel, grob gehackt
1 TL getrockneter Thymian
½ TL gemahlener Piment
½ TL Zimtpulver
1 Chilischote, grob gehackt
Salz und frisch gemahlener schwarzer Pfeffer

- Für die Jerkpaste alle Zutaten in die Küchenmaschine oder den Mixer geben und zu einer glatten Paste pürieren.
- Jeden Drumstick an der dicksten Stelle ein paarmal einritzen. Die Drumsticks mit der Paste einreiben, dabei in die Schnitte einmassieren.
- Öl in einer großen Pfanne erhitzen. Hähnchen-Drumsticks und Paprika 5 Minuten bei großer Hitze braten, dabei gelegentlich wenden. Zuckererbsen, Mango, Limettensaft und Brühe zugeben und aufkochen. Hitze reduzieren und 15 Minuten abgedeckt köcheln lassen, dabei die Drumsticks gelegentlich wenden, bis sie gar sind. Mit Reis servieren.

---

10 Jerk-Hähnchenburger

2 Hähnchenbrustfilets ohne Haut quer halbieren. Mit Salz und Pfeffer würzen und 5 Minuten in 1 EL Sonnenblumenöl braten, dabei einmal wenden, bis es gar ist. In Burgerbrötchen mit Jerksauce aus dem Glas und Salat servieren.

---

20 Jerk-Hähnchen mit Reis und Erbsen

400 ml Kokosmilch aus der Dose mit 450 ml Wasser erhitzen. 200 g Langkornreis, 400 g Kidneybohnen aus der Dose, abgegossen, und 1 TL getrockneten Thymian zugeben. Aufkochen, Hitze reduzieren und 15 Minuten köcheln lassen, bis der Reis weich und die Flüssigkeit fast ganz aufgenommen ist. Währenddessen 4 in Scheiben geschnittene Hähnchenbrustfilets ohne Haut in 1 EL Jerk-Würzmischung wenden. Hähnchen 5 Minuten unter Rühren in 1 EL Sonnenblumenöl braten, bis es gar ist. Mit Reis, Erbsen und Limettenspalten servieren.

30 Fenchel-Hähnchen-Tomaten-Pizza

Für 2 Personen
2 EL Olivenöl
1 kleine Zwiebel, in Ringe geschnitten
1 Knoblauchzehe, zerdrückt
3 Tomaten, gehackt
1 Prise Zucker
1 EL Tomatenpüree
150 g Pizzateig aus dem Kühlregal
1 kleine Fenchelknolle, in schmale Scheiben geschnitten
125 g gekochtes Hähnchenfleisch, in Stücke geschnitten
8 Cherrytomaten, halbiert
150 g Mozzarella, in Scheiben geschnitten
Salz und frisch gemahlener schwarzer Pfeffer

- Den Ofen auf 220 °C vorheizen.
- Olivenöl in einer Pfanne erhitzen. Zwiebel, Knoblauch und Fenchel zugeben und 3 Minuten braten. Tomaten, Zucker und Tomatenpüree zugeben und 5 Minuten köcheln lassen, bis die Mischung weich und sämig ist. Mit Salz und Pfeffer würzen.
- Währenddessen den Pizzateig nach Packungsangabe zubereiten. Solange kneten, bis er weich wird, zu einer Kugel formen und zu einer runden Platte (ca. 30 cm Ø) ausrollen. Auf ein Backblech legen.
- Tomaten-Fenchel-Sauce über die Pizza geben und Hähnchenfleisch und Cherrytomaten daraufverteilen. Mozzarella daraufgeben und im Ofen 15 Minuten goldbraun und knusprig backen.

---

10 Hähnchen-Fenchel-Pizza Den Ofen auf 220 °C vorheizen. 1 Fladenbrot mit Knoblauch und Kräutern mit Pizzasauce aus dem Glas, 1 kleine in dünn Scheiben geschnittene Fenchelknolle und 125 g gekochtem Hähnchenfleisch in Stücken bedecken. 150 g in Scheiben geschnittenen Mozzarella daraufgeben und 10 Minuten backen.

---

20 Fenchel-Hähnchen-Tomaten-Pasta
2 EL Olivenöl in einer Pfanne erhitzen, 1 gehackte Zwiebel, 1 zerdrückte Knoblauchzehe, 250 g gekochtes Hähnchenfleisch in Stücken und 1 kleine gehackte Fenchelknolle dazugeben. 3 Minuten garen, 3 gehackte Tomaten und 150 ml Passata zugeben. Mit Salz und Pfeffer würzen und 1 Handvoll schwarze Oliven untermischen. Mit Pasta servieren.

20 Parmesanhähnchen-Escalopes

Für 4 Personen

2 Hähnchenbrustfilets ohne Haut, quer halbiert
2 EL Mehl
1 Ei
150 g Semmelbrösel
75 g geriebener Parmesan
3 EL Sonnenblumenöl
4 kleine Baguettes, längs halbiert
4 EL Mayonnaise
4 kleine Handvoll gemischte Salatblätter
Salz und frisch gemahlener schwarzer Pfeffer

- Die Hähnchenbrusthälften zwischen zwei Stück Frischhaltefolie legen und mit dem Nudelholz leicht flach klopfen. Arbeitsfläche bemehlen, das Ei in einen Teller schlagen und verquirlen. Auf einem weiteren Teller die Semmelbrösel mit dem Parmesan mischen und mit Salz und Pfeffer würzen.
- Jedes Hähnchenstück in Mehl wälzen, sodass es leicht umhüllt ist, dabei den Rest abschütteln. Im verquirlten Ei wenden und mit der Semmelbröselmischung umhüllen, Panade gut andrücken.
- Das Öl in einer großen Pfanne erhitzen, Hähnchen zugeben und etwa 5 Minuten braten, dabei einmal wenden, bis es goldbraun, knusprig und gar ist.
- Die Baguettestücke mit Mayonnaise, Salatblättern und dem heißen Hähnchenfleisch füllen.

10 Caesar's-Salad-Baguette 2 in Streifen geschnittene Hähnchenbrüste 5 Minuten in 2 EL Sonnenblumenöl scharf anbraten, bis sie gar sind. Zusammen mit gemischten Salatblättern in Baguettestücke füllen und mit Caesar-Salad-Dressing beträufeln.

30 Gebackenes Pesto-Parmesan-Hähnchen mit Süßkartoffelwedges Den Ofen auf 220 °C vorheizen. 4 Süßkartoffeln in Spalten schneiden. In 4 EL Olivenöl wenden und mit Salz und Pfeffer würzen. Auf einem Backblech verteilen und im Ofen 25 Minuten backen, dabei gelegentlich wenden, bis sie goldbraun und weich sind. 2 Hähnchenbrustfilets ohne Haut quer halbieren. Mit Pesto bestreichen, mit einer Mischung aus 150 g Semmelbröseln und 75 g geriebenem Parmesan bestreuen. Auf dem Backblech verteilen und mit 3 EL Sonnenblumenöl besprenkeln. Zusammen mit den Süßkartoffeln 15 Minuten backen, bis alles knusprig ist. Mit Mayonnaise und gemischten Salatblättern servieren.

30 Souvlaki

Für 4 Personen
3 EL Olivenöl
3 EL Rotwein
1 TL getrockneter Oregano
abgeriebene Schale und Saft von 1 unbehandelten Zitrone
1 Knoblauchzehe, zerdrückt
4 Hähnchenbrustfilets ohne Haut, in Streifen geschnitten
4 Pitas, aufgewärmt und aufgeschnitten
Salz und frisch gemahlener schwarzer Pfeffer

Zum Servieren
Kohl, Salatgurke, Tomate, in Spalten oder Raspeln
Chilisauce

- Den Ofengrill vorheizen. Olivenöl, Wein, Oregano, Zitronenschale und -saft und Knoblauch in einer großen Schüssel mischen. Mit Salz und Pfeffer würzen, Hähnchenfleisch zugeben, gut vermischen und 15 Minuten marinieren.
- Hähnchenfleisch auf Spieße stecken auf ein mit Alufolie ausgelegtes Backblech legen. 8–10 Minuten unter dem Grill grillen, dabei gelegentlich wenden, bis das Fleisch gar ist und an den Rändern knusprig wird.
- Hähnchenfleisch von den Spießen auf die Pitas verteilen und etwas geraspelten Kohl, gehackte Gurke, gehackte Tomate und einen Spritzer Chilisauce dazugeben.

---

10 **Scharfe Hähnchen-Hummus-Pitas** 250 g Mini-Hähnchenfilets in 1 EL Olivenöl mit ½ TL getrocknetem Oregano, 1 TL Knoblauchpaste und der abgeriebenen Schale von ½ unbehandelten Zitrone 5 Minuten scharf anbraten, bis sie gar sind. 4 Pitas aufwärmen, quer halbieren und zu Taschen öffnen. Hähnchen, 4 EL Hummus und Romanasalat hineinfüllen und servieren.

20 **Zitronenhähnchen aus der Pfanne mit Zucchini** 4 Hähnchenbrustfilets ohne Haut in Streifen schneiden und in eine Mischung aus 3 EL Olivenöl, 3 EL Rotwein, 1 TL getrocknetem Oregano, abgeriebener Schale und Saft von 1 unbehandelten Zitrone und 2 zerdrückten Knoblauchzehen geben. 15 Minuten marinieren. Das Hähnchen in einer heißen Pfanne mit 2 EL Olivenöl und 2 in dünne Stifte geschnittenen Zucchini 5 Minuten scharf braten, bis es goldbraun ist. Marinade dazugeben und weitere 5 Minuten leicht reduzieren. Mit Reis servieren.

30 Hähnchen-Calzone mit Spargel und Blauschimmelkäse

Für 2 Personen

200 g Spitzen von grünem Spargel, in 2 cm großen Stücken
150 g Pizzateig-Fertigmischung
1 geräucherte Hähnchenbrust, in Scheiben
125 g Roquefort, zerkrümelt
Rucola zum Servieren

- Den Ofen auf 220 °C vorheizen.
- Spargel in leicht gesalzenem Wasser 3 Minuten kochen, bis er weich ist, dann abgießen.
- Währenddessen den Pizzateig nach Packungsangabe zubereiten. Solange kneten, bis er weich wird, zu einer Kugel formen und zu einer runden Platte (ca. 30 cm Ø) ausrollen. Auf ein Backblech legen.
- Hähnchen, Spargel und zerkrümelten Käse auf der Hälfte des Teigs verteilen, dabei 1 cm Rand frei lassen. Die Ränder mit Wasser bepinseln, den Teig über die Füllung klappen und die Ränder gut andrücken. Im Ofen 15 Minuten knusprig und goldbraun backen. Warm mit Rucola servieren.

---

10 Salat mit geräuchertem Hähnchen, Spargel und Blauschimmelkäse 150 g gemischte Salatblätter in eine Schüssel geben. 1 geräucherte Hähnchenbrust in Scheiben, 200 g bissfest gekochte Spargelspitzen und 1 Handvoll Pinienkerne zugeben. Mit Blauschimmel-Salatdressing beträufeln und mischen.

20 Räucherhähnchen-Spargel-Tarte Den Ofen auf 220 °C vorheizen. 200 g halbierte Spargelspitzen in leicht gesalzenem Wasser 3 Minuten kochen, dann abgießen. Die Hälfte von 1 Rolle Blätterteig aus dem Kühlregal aufrollen und in 2 cm große Rechtecke schneiden. Auf ein Backblech legen und den Belag auf 2 Tartes verteilen, jeweils mit der Hälfte von 1 in Scheiben geschnitten geräucherter Hähnchenbrust, dem Spargel und 125 g zerkrümelter Roquefort. Im Ofen 10–15 Minuten backen, bis der Teig aufgegangen und goldbraun ist.

20 Hoisinhähnchen mit Sojasprossen-Wraps

Für 4 Personen

1 EL Pflanzenöl
3 Hähnchenbrustfilets ohne Haut, in Streifen geschnitten
2 EL Hoisinsauce zzgl. etwas zum Dippen
½ TL Ingwerpaste
2 TL dunkle Sojasauce
8 Reispfannkuchen aus dem Kühlregal (die Sorte, die zu Pekingente serviert wird)
125 g Sojasprossen
4 Frühlingszwiebeln, in dünne Ringe geschnitten
¼ Gurke, in dünne Streifen geschnitten

- Öl im Wok oder in einer Pfanne erhitzen, Hähnchenfleisch hineingeben und bei großer Hitze 5 Minuten braten, bis es durch ist. Hoisinsauce, Ingwerpaste und Sojasauce zugeben und unter stetigem Rühren kochen, bis die Sauce klebrig wird und das Hähnchenfleisch gut benetzt ist. Von der Platte ziehen.
- Die Reispfannkuchen in der Mikrowelle nach Packungsangabe erhitzen. Sojasprossen, Frühlingszwiebeln und Gurke auf den Pfannkuchen verteilen, das Hähnchenfleisch daraufgeben und zusammenrollen. Mit Hoisinsauce zum Dippen servieren.

---

10 Hoisinhähnchensalat mit Reisnudeln 400 g Mini-Hähnchenbrustfilets in 125 g Hoisin-Knoblauch-Sauce wenden. In 1 EL Sonnenblumenöl 5 Minuten kräftig braten, bis es gar ist. Währenddessen 200 g Reis-Vermicelli einige Minuten in kochendem Wasser garen, bis sie weich sind. Abtropfen, mit dem gebratenen Hähnchen und 200 g orientalischer Salatmischung vermengen.

30 Hoisinhähnchen-Päckchen Den Ofen auf 220 °C vorheizen. 2 EL Hoisinsauce, ½ TL Ingwerpaste und 2 TL dunkle Sojasauce in einer großen Schüssel mischen. 2 in dünne Scheiben geschnittene Hähnchenbrustfilets ohne Haut, 4 in Streifen geschnittene Frühlingszwiebeln, 125 g Sojasprossen und 1 große in Streifen geschnittene Karotte zugeben. Die Mischung auf vier doppelte Lagen quadratische geschnittenen Pergamentpapiers verteilen. Das Papier über der Füllung zusammenfalten, dabei die Ecken wie bei einem Päckchen falten. Auf ein Backblech legen und im Ofen 20 Minuten backen. Mit frisch gekochten Nudeln servieren.

30 Buffalo-Chickenwings mit Coleslaw

Für 4 Personen
2 EL flüssiger Honig
5 EL Tomatenketchup
2 TL scharfer Senf
2 TL Worcestershiresauce
½–1 TL scharfe Chilisauce
2 EL Sonnenblumenöl
1 kg Chickenwings

Für den Coleslaw (Krautsalat)
4 EL Mayonnaise
2 EL Zitronensaft
400 g Weißkohl, fein gehobelt
1 kleine rote Zwiebel, fein gehobelt
1 mittelgroße Karotte, grob geraspelt
1 EL gehackte glatte Petersilie
frisch gemahlener schwarzer Pfeffer

- Den Ofen auf 220 °C vorheizen.
- Honig, Ketchup, Senf, Worcestershiresauce, Chilisauce und Öl in einer großen Schüssel mischen. Chickenwings dazugeben und vermischen, sodass sie gut benetzt sind.
- Die Chickenwings auf ein großes, mit Alufolie ausgelegtes Backblech legen und im Ofen 25 Minuten backen, dabei gelegentlich wenden und mit der restlichen Sauce aus der Schüssel bestreichen, bis das Fleisch gar ist.
- Währenddessen den Coleslaw zubereiten. Dafür alle Zutaten mischen und mit Pfeffer würzen. Die Chickenwings mit dem Coleslaw servieren.

10 Würziges Hähnchen mit Mais 750 g gegarte und kräftig gewürzte Chickenwings in der Mikrowelle nach Packungsangabe erhitzen. Währenddessen Maiskolben 5–8 Minuten in Salzwasser weich kochen. Mais und Hähnchen mit Chiliflocken bestreut und mit Butterflöckchen belegt servieren.

20 Barbecuehähnchen mit Blauschimmelkäsedip und Sellerie Den Ofengrill vorheizen. 4 Hähnchenbrustfilets ohne Haut in Streifen schneiden. In einer Mischung aus 1 EL flüssigem Honig, 2½ EL Tomatenketchup, 1 TL scharfem Senf, 1 TL Worcestershiresauce, 1 Spritzer scharfer Chilisauce und 1 EL Sonnenblumenöl wenden. Die Hähnchenstücke auf einem mit Alufolie ausgelegten Backblech unter gelegentlichem Wenden 5–10 Minuten grillen, bis das Fleisch gar ist. Währenddessen 150 g saure Sahne und 50 g zerkrümelten Blauschimmelkäse mit einer Gabel verrühren. Das Hähnchen mit dem Blauschimmelkäse-Dip und rohen Selleriestangen servieren.

10 Cajunhähnchen mit Avocado

Für 2 Personen

1 kleines Ciabatta, längs halbiert
2 EL Tomatenchutney
2 Tomaten, in Scheiben geschnitten
100 g gekochte Hähnchenbrust mit Cajungewürz, in Scheiben geschnitten
1 kleine Avocado, in Scheiben geschnitten
150 g Mozzarella, abgegossen und in Scheiben geschnitten

- Den Ofengrill vorheizen.
- Die Ciabattahälften mit der Schnittfläche nach unten auf ein mit Alufolie ausgelegtes Backblech legen und unter dem Grill einige Minuten grillen, bis es heiß und knusprig ist. Das Brot wenden und mit Tomatenchutney bestreichen. Die Tomatenscheiben darauflegen, dann die Hähnchen-, Avocado- und schließlich die Mozzarellascheiben.
- 5 Minuten unter dem Grill grillen, bis der Käse geschmolzen und der Belag heiß ist.

---

20 Cajunhähnchen-Burger 2 Hähnchenbrustfilets ohne Haut quer halbieren und 1 TL Cajungewürz daraufstreuen. 5 Minuten in 1 EL Sonnenblumenöl braten, dabei einmal wenden, bis es goldbraun und gar ist. Mit Tomaten- und Avocadoscheiben auf getoastete Burgerbrötchen legen, Tomatensalsa und saure Sahne daraufgeben und servieren.

---

30 Cajunhähnchen-Rarebit Den Ofengrill vorheizen. 200 g geriebenen Gouda, 1 TL Cajungewürz und 1 Prise Cayennepfeffer mit ½ verquirlten Ei und 1 EL Bier mischen. 2 Scheiben Bauernbrot beidseitig toasten, mit den Scheiben von 1 gekochten Hähnchenbrust und 2 Tomaten belegen. Die Käsemischung darauf verteilen und backen, bis der Käse Blasen wirft.

20 Hähnchenspieße mit Chorizo und Salbei

Für 4 Personen

4 Hähnchenschenkelfilets, jedes in vier Stücke geschnitten
4 kleine Chorizo zum Kochen, halbiert
12 Salbeiblätter
1 EL Olivenöl
2 TL grober Senf

Zum Servieren
junger Spinat
knuspriges Brot

- Den Ofengrill vorheizen. Hähnchenfleisch, Chorizo und Salbeiblättchen auf vier Metallspieße stecken. Olivenöl und groben Senf mischen und die Spieße mit einem Teil davon bestreichen.
- Unter dem Grill oder in einer heißen Grillpfanne 10–15 Minuten grillen, dabei gelegentlich wenden und mit weiterer Senfmischung bestreichen, bis Hähnchen und Chorizo gar sind.
- Hähnchen und Chorizo von den Spießen streifen, mit Spinatblättern und knusprigem Brot servieren.

---

10 **Hähnchen-Chorizo-Pasta** 400 g schnell kochende Nudeln in einem Topf mit Salzwasser 5–8 Minuten kochen, bis sie gar sind. Währenddessen 75 g in Scheiben geschnittene Chorizo in einer trockenen Pfanne 2 Minuten braten. 350 ml Tomatensauce aus der Dose und 200 g gekochtes Hähnchen in Stücken dazugeben, erhitzen. Pasta abgießen und Sauce dazugeben. Gut vermischen und mit geriebenem Parmesan servieren.

30 **Schnelles Hähnchen mit Chorizo und Kartoffeln** Den Ofen auf 220 °C vorheizen. 4 halbierte Hähnchenschenkelfilets und 8 kleine Chorizos (à 75 g) zum Kochen in einer Mischung aus 1 EL Olivenöl und 2 TL grobem Senf wenden. Zusammen mit 400 g kleinen neuen Kartoffeln und 3 ganzen ungeschälten Knoblauchzehen in eine Auflaufform geben, mit 2 weiteren EL Olivenöl beträufeln, mit Salz und Pfeffer würzen und im Ofen 25 Minuten goldbraun und weich backen. Währenddessen 1 gehackte Zwiebel und 1 zerdrückte Knoblauchzehe in 1 EL Olivenöl 5 Minuten braten, bis sie weich sind. 200 g gehackte Tomaten aus der Dose und 1 EL Tomatenpüree zugeben und unter gelegentlichem Rühren köcheln lassen, bis die Sauce andickt. Mit Hähnchen, Chorizo und Kartoffeln servieren.

30 Hähnchen-Nachos

Für 4 Personen
6 weiche Maistortillas
1 EL Sonnenblumenöl
½ TL Meersalzflocken
3 Tomaten, fein gehackt
1 rote Chili, entkernt und fein gehackt
1 EL gehackter frischer Koriander
Saft von 1 Limette
200 g gekochtes Hähnchen, gehackt
50 g in Scheiben geschnittene Jalapeñoschoten aus dem Glas, abgegossen
75 g Cheddar, gerieben
Salz und frisch gemahlener schwarzer Pfeffer
frischer Koriander
150 g saure Sahne zum Servieren

- Den Ofen auf 190 °C vorheizen.
- Tortillas mit Öl bepinseln, mit Salz bestreuen und in Dreiecke schneiden. Auf zwei Backbleche verteilen und im Ofen 8–10 Minuten backen, bis sie knusprig sind. Auf einem Backrost abkühlen lassen, währenddessen die Salsa zubereiten.
- Tomaten, Chili, Koriander und Limettensaft mischen. Mit Salz und Pfeffer würzen.
- Hähnchenfleisch mit den Jalapeñoschoten und der Tomatenmischung auf den gebackenen Tortillas verteilen. Den geriebenen Cheddar darüberstreuen und weitere 3–4 Minuten in den Ofen stellen, bis der Käse schmilzt. Mit Koriander bestreuen und mit saurer Sahne servieren.

---

10 Schnelle Nachos Den Ofengrill vorheizen. 200 g Tortillachips auf den Boden einer Auflaufform verteilen. 200 g gekochtes Hähnchenfleisch in Stücken und 50 g in Scheiben geschnittene Jalapeñoschoten darübergeben. Salsa aus dem Glas daraufgeben und mit 75 g geriebenem Cheddar bestreuen. 5 Minuten grillen und mit saurer Sahne servieren.

20 Burritos 3 fein gehackte Tomaten, 1 fein gehackte rote Chili, 1 EL gehackten frischen Koriander und den Saft von 1 Limette mischen. Jeweils in die Mitte von 4 weichen Maistortillas träufeln. Mit Klecksen von Guacamole aus dem Glas, 200 g gekochtem Hähnchenfleisch in Stücken und 50 g in Scheiben geschnittenen Jalapeñoschoten aus dem Glas belegen. Einen 2 cm breiten Tortillastreifen über die Füllung schlagen, Tortilla um 90 Grad drehen und wie einen Pfannkuchen aufrollen. Mit Cocktailspießchen fixieren.

10 Caesar's Salad mit Hähnchen, Speck und Parmesan

Für 4 Personen

½ Ciabatta, gewürfelt
2 EL Olivenöl
1 Romanasalat, einzelne Blätter
200 g gekochtes Hähnchenfleisch, in Stücken
75 g gebratene Speckscheiben, in Stücke gebrochen
6 EL Caesar-Salatdressing aus dem Glas oder Tetrapack
25 g gehobelter Parmesan

- Den Ofengrill vorheizen.
- Ciabattawürfel auf ein mit Alufolie ausgelegtes Backblech legen und das Olivenöl darüberträufeln. Etwa 5 Minuten unter dem Grill goldbraun und knusprig grillen, dabei gelegentlich wenden.
- Währenddessen die Salatblätter in grobe Stücke zupfen und mit dem Hähnchen und einem Großteil der Speckstückchen in eine Schüssel geben.
- Die getoasteten Brotstücke und das Dressing dazugeben und gut vermischen. Den restlichen Speck und den Parmesan darüberstreuen und sofort servieren.

20 Caesar's Salad mit Knoblauchcroûtons

Den Ofen auf 220 °C vorheizen. ½ Ciabatta würfeln. 1 zerdrückte Knoblauchzehe und 4 EL Olivenöl mischen und die Croûtons darin wenden. Auf ein Backblech geben, im Ofen 10 Minuten knusprig backen. In eine Schüssel mit zerkleinertem Romanasalat, gekochtem Hähnchenfleisch in Stücken und knusprigen Speckstückchen geben, Caesar-Salatdressing unterheben.

30 Caesar's Salad mit selbst gemachtem Dressing

Den Ofen auf 220 °C vorheizen. ½ Ciabatta würfeln, auf einem Backblech verteilen und 2 EL Olivenöl darüberträufeln. Im Ofen 15 Minuten goldbraun und knusprig backen. Für das Dressing 3 EL Mayonnaise, 25 g frisch geriebenen Parmesan, 1 EL Zitronensaft, 2 EL Wasser, 1 Spritzer Worcestershiresauce und 1 fein gehacktes Sardellenfilet aus der Dose in einer Schüssel mischen. Die zerzupften Blätter von 1 Romanasalat mit 200 g gekochtem Hähnchen in Stücken, 75 g knusprig gebratenem und in Stücke gebrochenem Speck und den Brotwürfeln in einer Schüssel vermengen. Mit dem Dressing mischen und servieren.

20 Hähnchen-Panini mit Ziegenkäse und Basilikum

Für 4 Personen

4 EL Pesto
1 EL Olivenöl
4 Paninibrötchen oder Baguettes zum Aufbacken, halbiert
2 gekochte Hähnchenbrüste, in Scheiben
125 g getrocknete Tomaten in Öl, abgegossen
200 g Ziegenkäse, in Scheiben
1 Handvoll Basilikum

- Pesto und Öl mischen und die Schnittflächen der unteren Paninibrötchen- oder Baguettehälften damit bestreichen. Mit den Hähnchenscheiben, Tomaten, Ziegenkäse und Basilikum belegen. Mit der oberen Panini- oder Baguettehälfte belegen.
- In einem Sandwichtoaster oder einem Paninigrill etwa 5 Minuten grillen, bis das Brot knusprig und die Füllung heiß ist. Oder in einer heißen (Grill-)Pfanne rösten, die Brötchen dabei fest andrücken. Wenden und auf der zweiten Seiten rösten.

10 Hähnchen-Ziegenkäse-Salat

100 g gemischten Salat, 2 gekochte und in Scheiben geschnittene Hähnchenbrüste, 125 g gehackte getrocknete Tomaten, 200 g Ziegenkäse in Scheiben und 1 Handvoll schwarze Oliven mischen. 1 EL Pesto mit 1 EL Olivenöl verrühren und das Dressing zum Servieren darüberträufeln.

30 Hähnchen-Ziegenkäse-Pizza

Den Ofen auf 220 °C vorheizen. 4 EL Tomatensauce auf einem großen Pizzateigboden aus dem Kühlregal verteilen. Mit 2 gekochten und in Scheiben geschnittenen Hähnchenbrüsten, 125 g Ziegenkäse in Scheiben und 1 Handvoll schwarzer Oliven belegen. 1 EL Pesto, verrührt mit 1 EL Olivenöl, darüberträufeln und 15 Minuten backen, bis der Teig knusprig und der Belag heiß ist .

30 Pastasalat mexikanische Art

Für 4 Personen
250 g Pasta, z. B. Spirelli
1 rote Paprika, halbiert
1 orangefarbene Paprika, halbiert
200 g gekochtes Hähnchenfleisch mit Cajunwürze, in mundgerechte Stücke geschnitten
250 g gemischte Chilibohnen aus der Dose, abgegossen
1 Avocado, gehackt
1 Handvoll frischer Koriander, grob gehackt

Für das Dressing
150 g saure Sahne
abgeriebene Schale und Saft von 1 unbehandelten Limette
½ TL Cajun-Gewürzmischung

- Den Ofengrill vorheizen.
- Pasta in leicht gesalzenem kochendem Wasser 10 Minuten weich garen. Abtropfen lassen, abschrecken und wieder abtropfen lassen.
- Währenddessen die Paprika 8–10 Minuten unter den heißen Grill geben, dabei einmal wenden, bis sie weich sind und die Haut beginnt schwarz zu werden. In eine Schüssel legen, mit Frischhaltefolie abdecken und 5 Minuten ruhen lassen.
- Für das Dressing saure Sahne, Limettenschale und -saft und Cajun-Gewürz verrühren.
- Die abgegossene Pasta in eine große Schüssel füllen. Das Hähnchenfleisch, Bohnen, Avocado und Koriander zugeben. Die Haut von den Paprika entfernen, das Fruchtfleisch grob hacken, zum Salat geben. Dressing darüberträufeln und vorsichtig unterheben.

---

10 Sandwiches mexikanische Art 4 Scheiben kräftiges Vollkornbrot mit einigen Scheiben gekochtem Hähnchenfleisch mit Cajunwürze, Tomaten, und Avocado in Scheiben sowie frischem Koriander belegen und Saure-Sahne-Dressing daraufgeben.

---

20 Fruchtiger mexikanischer Hähnchensalat 250 g Pasta in leicht gesalzenem kochendem Wasser 10 Minuten weich kochen, abgießen und abschrecken. Mit 200 g gekochtem Hähnchen mit Cajunwürze, 125 g eingelegten Paprika aus dem Glas, abgegossen, 1 gehackten Mango und 1 Handvoll frischen Koriander mischen. Mit Saure-Sahne-Dressing servieren.

30 Barbecuehähnchen-Pizza

Für 4 Personen
250 g Mehl
½ TL Salz
1 TL Backpulver
1 Prise Zucker
25 g kalte Butter
150 ml Buttermilch oder Naturjoghurt
4 EL Tomatensauce aus dem Glas oder Tetrapack
250 g gekochtes Hähnchenfleisch, in Stücken
2 EL geräucherte Barbecuesauce aus dem Glas
125 g eingelegte Paprika aus dem Glas, gehackt
150 g Mozzarella, in Scheiben

- Den Ofen auf 220 °C vorheizen
- Mehl mit Salz, Backpulver und Zucker in eine Schüssel sieben. Butter in groben Stücken hineinbröseln. Gut verrühren, um die Butterklümpchen zu zerteilen, Buttermilch oder Joghurt zugeben und zu einem weichen Teig rühren.
- Den Teig glatt kneten, zu einer Kugel und dann mit den Händen zu einer runden Teigplatte (ca. 30 cm Ø) formen. Auf ein Backblech legen.
- Die Sauce daraufverteilen, dabei einen schmalen Rand stehen lassen. Hähnchen mit der Grillsauce mischen und über der Pizza verteilen. Paprika und Mozzarella daraufgeben, im Ofen 15 Minuten backen, bis der Teig gar und der Belag goldbraun ist.

---

10 Pizzamuffins mit Barbecuehähnchen und Mais Den Ofengrill vorheizen. 4 pikante Muffins halbieren, auf ein mit Alufolie belegtes Backblech legen, auf beiden Seiten unter dem Grill toasten. 250 g gekochtes Hähnchenfleisch in Stücken und 200 g Mais aus der Dose, abgegossen, mit 3 EL geräucherter Barbecuesauce mischen. Über die getoasteten Muffins geben, mit 125 g geriebenem mittelaltem Gouda bestreuen und grillen, bis der Käse schmilzt und Blasen wirft.

---

20 Schnelle Barbecuehähnchen-Pizza Den Ofen auf 220 °C vorheizen. Eine Rolle Mürbeteig aus dem Kühlregal (400 g) aufrollen und auf ein Backblech legen. 4 EL Tomatensauce aus dem Glas oder Tetrapack daraufverteilen. 250 g gekochtes Hähnchenfleisch in Stücken mit 2 EL geräucherter Barbecuesauce mischen und auf dem Teig verteilen. 125 g eingelegte Paprika aus dem Glas hacken und mit 150 g Mozzarella in Scheiben darauflegen. Im Ofen 15 Minuten goldbraun und knusprig backen.

10 Hähnchenomelett mit Käse

Für 2 Personen

4 Eier
15 g Butter
75 g gekochtes Hähnchenfleisch, in Stücken
50 g Gruyère, gerieben
Salz und frisch gemahlener schwarzer Pfeffer
Salat zum Servieren

- Eine kleine Pfanne mit Antihaftbeschichtung auf der Herdplatte aufheizen. Die Eier in eine Schüssel schlagen, mit Salz und Pfeffer würzen und 1 EL kaltes Wasser zugeben. Mit einer Gabel gründlich verquirlen.
- Butter in die Pfanne geben. Wenn sie zerlassen ist und schäumt, die Eier zugeben. Wenn die Eier zu stocken beginnen, die Mischung mit einem Holzlöffel in die Mitte der Pfanne schieben, damit das noch flüssige Ei zu den Rändern fließen kann.
- Wenn das Omelett an der Oberfläche leicht gestockt ist, Hähnchen und Käse in die Mitte geben. Das Omelett auf Höhe des Pfannengriffs über die Füllung klappen und auf einen Teller gleiten lassen. Halbieren und mit Salat servieren.

---

20 **Frittata** 4 Eier verquirlen und mit Salz und Pfeffer würzen. 1 EL Olivenöl in einer kleinen ofenfesten Pfanne erhitzen. 200 g gekochte gewürfelte Kartoffeln zugeben und 5 Minuten braten, bis sie goldbraun sein. 2 gehackte Frühlingszwiebeln, 75 g gekochtes Hähnchenfleisch in Stücken und 1 Handvoll TK-Erbsen zugeben. Erhitzen, dann über die Eier geben und die Eier stocken lassen. 50 g Gruyère in Scheiben daraufgeben und grillen, bis die Frittata fest und der Käse geschmolzen ist.

---

30 **Soufflé-Omelett** Den Ofengrill vorheizen. 4 Eier trennen. Eigelbe mit Salz und Pfeffer würzen und die Eiweiße schlagen, bis sie weiche Spitzen bilden. Dann den Eischnee vorsichtig unter die Eigelbe heben. 15 g Butter in einer großen Pfanne schmelzen. Sobald sie schäumt, die Eiermischung zugeben und gleichmäßig verteilen. Wenn das Ei gestockt ist, 75 g gekochtes Hähnchenfleisch in Stücken und 50 g Gruyère in Scheiben daraufgeben. Die Mischung unter dem Grill stocken und den Käse schmelzen lassen. Zu einem Omelett falten, auf einen Teller gleiten lassen. Mit Tomatensalat servieren.

30 Hähnchen-Quesadillas mit Koriander und Chili

Für 4 Personen
8 weiche Weizentortillas
250 g Bohnenmus aus der Dose
250 g gekochtes Hähnchenfleisch, in Stücken
1 rote Chili, fein gehackt
4 Tomaten, fein gehackt
1 Handvoll Koriander, grob gehackt
200 g reifer Cheddar, gerieben
3 EL Olivenöl
grüner Salat mit Mais zum Servieren

- Vier der Tortillas mit Bohnenmus bestreichen, mit dem Hähnchenfleisch, Chili, Tomaten, Koriander und geriebenem Käse belegen. Dann die restlichen Tortillas darauflegen und aufeinanderdrücken.
- 1 EL Olivenöl in einer großen Pfanne erhitzen. 1 Quesadilla hineingeben und 3 Minuten auf jeder Seite braten, bis der Käse geschmolzen und die Quesadilla goldbraun und knusprig ist. Aus der Pfanne nehmen und warm halten. Mit den restlichen Quesadillas ebenso verfahren, nach Bedarf weiteres Öl in die Pfanne geben.
- In Tortenstücke schneiden und mit grünem Salat mit Mais servieren.

---

10 **Würzige Hähnchen-Chips** Den Ofengrill vorheizen. 150 g Tortillachips auf den Boden einer Auflaufform verteilen. 200 g Bohnenmus aus der Dose, 200 g gekochtes Hähnchenfleisch in Stücken und 4 EL würzige Tomatensalsa daraufverteilen. 125 g geriebenen Cheddar darüberstreuen und den Käse unter dem Grill bei mittlerer Hitze schmelzen lassen. Mit gehacktem frischem Koriander bestreuen und servieren.

20 **Hähnchen-Chili-Wraps** Den Ofen auf 200 °C vorheizen. 4 Weizentortillas mit Tomatengeschmack mit 250 g Bohnenmus aus der Dose bestreichen. 250 g gekochtes Hähnchenfleisch in Stücken in der Mitte jeder Tortilla verteilen. Mit 1 gehackten roten Chilischote, 3 gehackten Tomaten und 1 Handvoll grob gehacktem frischem Koriander belegen. Mit 200 g geriebenem Cheddar bestreuen und aufrollen. Jeden Wrap halbieren und in eine Auflaufform legen. Mit etwas mehr Käse bestreuen und im Ofen 10 Minuten goldbraun und knusprig backen.

30 Würzige Hähnchen-Naans

Für 2 Personen
4 EL Naturjoghurt
1 EL Currypaste (z. B. Jalfrezi)
2 EL Zitronensaft
2 Hähnchenbrustfilets ohne Haut, jedes in 8 Stücke geschnitten
1 kleine rote Zwiebel, in dünne Ringe geschnitten
1 kleine grüne Paprika, in dünnen Scheiben
4 EL Passata
2 Knoblauch-Koriander-Naans
150 g Mozzarella, in Scheiben

- Den Ofengrill vorheizen.
- Joghurt, Currypaste und Zitronensaft mischen. Hähnchenstücke dazugeben und verrühren, bis sie gut benetzt sind. Das Hähnchenfleisch mit den Zwiebel- und Paprikastücken auf ein mit Alufolie ausgelegtes Backblech legen und unter dem Grill 5–8 Minuten grillen, dabei gelegentlich wenden, bis das Hähnchen gar und an den Rändern knusprig ist sowie die Zwiebel- und Paprikastücke weich werden.
- Die Passata über die Naans geben, darauf Hähnchenfleisch, Zwiebel, Paprika und Mozzarella verteilen. Das Backblech mit einem neuen Stück Alufolie belegen und die Naans darauflegen. Den Grill auf mittlere Hitze reduzieren und die Naan-„Pizzen" 5–8 Minuten grillen, bis der Käse geschmolzen und die Füllung heiß ist.

---

10 **Hähnchensalat mit Pappadams** 4 EL Mayonnaise mit 1 TL milder Currypaste, 2 EL Mangochutney und 1 EL grob gehacktem frischem Koriander mischen. 200 g fertiges Hähnchen-Tikka und ½ gewürfelten Apfel unterrühren. Mit gehackter Gurke und Pappadams servieren.

---

20 **Hähnchen mit Mangochutney-Chapati-Wraps** Ofengrill vorheizen. 2 Hähnchenbrustfilets ohne Haut in Stücken mit 4 EL Naturjoghurt, 1 EL Currypaste und 2 EL Zitronensaft mischen. 5–8 Minuten unter dem Grill rösten, gelegentlich wenden, bis es gar und an den Rändern knusprig ist. Mit 1 kleinen, in Ringe geschnittenen roten Zwiebel, frischem Koriander und 2 EL Mangochutney auf 2 warme Chapatis verteilen. Chapatis aufrollen und servieren.

20 Mozzarella-Hähnchen auf Brot

Für 4 Personen

1 EL rotes Pesto
2 EL Olivenöl
2 Hähnchenbrüste, quer halbiert
4 dicke Scheiben Sauerteigbrot
2 EL Tapenade
200 g Cherrytomaten, halbiert
1 kleine Handvoll Basilikum, grob zerzupft
150 g Mozzarella, in Scheiben
grüner Salat zum Servieren

- Den Ofengrill vorheizen. Pesto und 1 EL Olivenöl mischen und die Hähnchenstücke beidseitig damit bestreichen.
- Das restliche Olivenöl in einer Pfanne erhitzen, Hähnchenfleisch hineingeben und 8–10 Minuten braten, dabei einmal wenden, bis das Fleisch gar ist.
- Sauerteigbrot auf beiden Seiten toasten, eine Seite mit Tapenade bestreichen und mit Hähnchenfleisch, Cherrytomaten, Basilikum und Mozzarella belegen. Grillen, bis die Tomaten sehr heiß sind und der Käse geschmolzen ist. Mit grünem Salat servieren.

---

10 Italienische Hähnchen-Toasties 8 Scheiben knuspriges Brot buttern. 4 Scheiben auf der ungebutterten Seite je mit 2 EL Tapenade bestreichen. Mit 200 g in Scheiben geschnittenem und gekochtem Hähnchenfleisch, 2 Tomaten in Scheiben, 1 Handvoll Basilikum und 150 g in Scheiben geschnittenem Mozzarella belegen. Restliches Brot mit der Butterseite nach oben darauflegen. Im Sandwichtoaster 5 Minuten knusprig toasten oder in einer Pfanne braten, einmal wenden.

30 Gebackenes Hähnchen Den Ofen auf 220 °C vorheizen. 2 halbierte Hähnchenbrüste in einer Mischung aus 1 EL Tomatenmark aus getrockneten Tomaten und 1 EL Olivenöl wenden. Würzen und mit 200 g halbierten Cherrytomaten, 1 in dünne Scheiben geschnittenen Zucchini und 1 kleinen Handvoll zerzupftem Basilikum auf ein Backblech legen. 150 g Mozzarella in Scheiben darauflegen und mit etwas Olivenöl beträufeln. Im Ofen 25 Minuten backen, bis das Fleisch gar und das Gemüse weich ist. Mit knusprigem Brot servieren.

20 Bruschetta mit geräucherter Hähnchenbrust

Für 4 Personen

½ Ciabatta, in 1 cm dicke Scheiben geschnitten
2 EL Olivenöl
1 Knoblauchzehe, zerdrückt
2 Frühlingszwiebeln, fein gehackt
4 reife Tomaten, fein gehackt
1 EL gehacktes Basilikum
1 EL Balsamico
1 geräucherte Hähnchenbrust, in kleine Stücke gezupft
Salz und frisch gemahlener schwarzer Pfeffer

- Den Ofen auf 180 °C vorheizen.
- Die Ciabattascheiben auf ein Backblech legen. Öl und Knoblauch mischen und auf das Brot streichen. Im Ofen 10 Minuten knusprig backen.
- Währenddessen Frühlingszwiebeln, Tomaten, Basilikum und Balsamico mischen. Mit Salz und Pfeffer würzen, dann die Hähnchenstücke hineingeben.
- Tomatenmischung auf die Toasts geben und servieren.

---

10 Ciabatta mit geräucherter Hähnchenbrust Tomate und Frühlingszwiebel wie oben beschrieben mischen und auf Ciabattatoasts sprenkeln. Mit in Scheiben geschnittenem geräuchertem Hähnchen und Basilikum belegen.

30 Tomatentarte mit geräucherter Hähnchenbrust Den Ofen auf 220 °C vorheizen. 1 Rolle Blätterteig aus dem Kühlregal in vier Rechtecke schneiden. Mit einem scharfen Messer einen ca. 1 cm breiten Rand um die Rechtecke einschneiden. Auf ein Backblech legen, etwas mit verquirltem Ei bepinseln und im Ofen 15 Minuten backen, bis der Teig goldbraun ist. In der Mitte mit den Fingern etwas eindrücken und eine Mischung aus 2 fein gehackten Frühlingszwiebeln, 4 gehackten Tomaten, 1 EL gehacktem Basilikum, 1 EL Balsamico, Salz und Pfeffer daraufgeben. Mit geräucherter Hähnchenbrust in Scheiben und Basilikum belegen.

20 Hähnchenspieße mit Zitrone und Minze

Für 4 Personen
150 g Naturjoghurt
abgeriebene Schale und Saft von 1 unbehandelten Zitrone
2 EL gehackte Minze
2 EL Olivenöl
4 Hähnchenbrustfilets ohne Haut, jedes in 8 Stücke geschnitten
Salz und frisch gemahlener schwarzer Pfeffer

Zum Servieren
Pitas
Gurke und Rettich, in Scheiben

- Den Ofengrill vorheizen.
- Joghurt, Zitronenschale und -saft, Minze und Olivenöl mischen. Hähnchenstücke dazugeben und verrühren.
- Hähnchen auf vier Spieße stecken und auf ein mit Alufolie ausgelegtes Backblech legen. 10 Minuten grillen, gelegentlich wenden, bis das Hähnchen gar ist und an den Rändern knusprig-braun wird. Hähnchen von den Spießen streifen und in warmen Pitas mit Gurken- und Rettichscheiben servieren.

---

10 Zitronenhähnchen-Pitas Für das Dressing 2 EL Mayonnaise, 2 EL Naturjoghurt, 1 TL abgeriebene Schale von 1 unbehandelten Zitrone und 1 EL gehackte Minze mischen. 4 Pitas aufwärmen und mit jeweils in Scheiben geschnittenem gekochtem Hähnchen, Gurke und Rettich belegen. Das Dressing darübergeben.

30 Gebackenes Zitronenhähnchen mit Knoblauchtomaten Den Ofen auf 220 °C vorheizen. 4 Hähnchenbrustfilets ohne Haut, quer halbiert, in einer Mischung aus 150 g Naturjoghurt, abgeriebener Schale und Saft von 1 unbehandelten Zitrone, 2 EL gehackter Minze und 2 EL Olivenöl wenden. Mit 4 halbierten Tomaten, 1 gehackten Knoblauchzehe, Olivenöl, Salz und Pfeffer auf ein mit Alufolie ausgelegtes Backblech legen. Im Ofen 20 Minuten backen, dabei einmal wenden, bis das Hähnchen gar und die Tomaten weich sind. Mit Ofen-Pommes-frites servieren.

QuickChicken

Schnelle Küche für jeden Tag

Rezepte nach Zubereitungszeit

30

20

10

20 Hähnchen-Pesto-Pasta

Für 4 Personen
400 g Penne oder andere Pasta
1 große Handvoll Basilikum
25 g geröstete Pinienkerne zzgl. einige zum Servieren
25 g geriebener Parmesan zzgl. etwas zum Servieren
1 Knoblauchzehe, geschält
3 EL Olivenöl
200 g gekochtes Hähnchenfleisch
1 Handvoll gehackte schwarze Oliven
Salz und frisch gemahlener schwarzer Pfeffer

- Penne in leicht gesalzenem kochendem Wasser 10 Minuten weich kochen.
- Währenddessen das Pesto herstellen. Dafür Basilikum, Pinienkerne, Parmesan, Knoblauch und Olivenöl in einen Mixer oder eine kleine Küchenmaschine geben und glatt pürieren.
- Gekochte Penne abgießen und zurück in den Topf geben. Pesto, Hähnchenfleisch und Oliven dazugeben. Mit Salz und Pfeffer würzen und vorsichtig erwärmen. Mit Pinienkernen und Parmesan bestreut servieren.

---

10 **Hähnchen-Pasta-Salat mit Pestodressing** 250 g Gabelspaghetti in leicht gesalzenem kochendem Wasser 5 Minuten weich kochen. Abgießen, abschrecken und abtropfen lassen. Mit 1 EL Pesto, 1 EL Olivenöl und 1 TL Balsamico mischen. 200 g gekochtes Hähnchenfleisch in Stücken, 8 halbierte Cherrytomaten, 50 g Spinatblätter und 1 Handvoll geröstete Pinienkerne zugeben und servieren.

---

30 **Knuspriges Pestohähnchen** Ofen auf 220 °C vorheizen. 4 Hähnchenbrustfilets ohne Haut quer halbieren und auf ein mit Alufolie ausgelegtes Backblech legen. Jedes Stück mit 1 TL Pesto bestreichen und mit 100 g mit Zitronenpfeffer gewürztem Paniermehl bestreuen. Großzügig mit Olivenöl beträufeln und im Ofen 25 Minuten backen, bis das Fleisch gar und das Paniermehl knusprig ist. Mit Ofen-Pommes frites servieren.

30 Fruchtige Hähnchenpfanne nach marokkanischer Art

Für 4 Personen

1 EL Olivenöl
1 große rote Zwiebel, grob gewürfelt
1 Zwiebel, grob gewürfelt
400 g Hähnchenfleisch, gewürfelt
1 TL gemahlener Kreuzkümmel
1 TL Paprikapulver
1 TL gemahlener Koriander
½ TL Zimtpulver
½ TL gemahlener Ingwer
125 g Trockenpflaumen
125 g getrocknete Aprikosen
400 g Kichererbsen aus der Dose
600 ml kräftige Hühnerbrühe
1 EL Maismehl, mit 2 EL Wasser verührt
4 EL gehackter frischer Koriander

- Öl in einem großen, schweren Topf erhitzen und Zwiebeln und Hähnchenfleisch unter gelegentlichem Rühren 10 Minuten bei mittlerer Hitze darin braten, bis das Fleisch weich und stellenweise gebräunt ist. Gewürze zugeben, weitere 2 Minuten unter Rühren braten, damit die Aromen aufgenommen werden.
- Pflaumen, Aprikosen, Kichererbsen und Brühe zugeben und zum Kochen bringen. Mit dem Deckel schließen und 15 Minuten garen, bis alle Zutaten weich und gar sind.
- Das angerührte Maismehl zugeben und gut verrühren, damit das Ganze leicht andickt. Dann den Koriander unterrühren. Nach belieben mit Couscous servieren.

---

10 Marokkanische Hähnchen-Bohnen-Suppe 1 EL Olivenöl in einem Topf erhitzen. 1 in dünne Ringe geschnittene rote Zwiebel und 250 g in Scheiben geschnittene Hähnchenbrust 3–4 Minuten darin braten. Je 1 TL gemahlenen Kreuzkümmel und Koriander und ½ TL Zimtpulver dazugeben, 30 Sekunden mitbraten. 600 ml Hühnerbrühe und 400 g Kichererbsen aus der Dose, abgegossen, zugeben. Aufkochen, dann die Hitze reduzieren. 50 g grob gehackte getrocknete Pflaumen zugeben. 4 Minuten kochen. Nach Belieben glatt pürieren.

---

20 Marokkanische Ofenkartoffeln 4 Ofenkartoffeln etwa 15 Minuten in der Mikrowelle garen. Währenddessen 1 EL Olivenöl in einem großen, schweren Topf erhitzen und 1 in Ringe geschnittene Zwiebel mit 2 in dünne Scheiben geschnittenen Hähnchenbrüsten (à etwa 150 g) bei großer Hitze 5 Minuten braten. Je ½ TL gemahlenen Kreuzkümmel, gemahlenen Koriander, Paprika- und Zimtpulver zugeben und 1 weitere Minute kochen. 200 g gemischte getrocknete Aprikosen und Pflaumen hacken, mit 150 ml Hühnerbrühe in den Topf geben und zum Kochen bringen. Hitze reduzieren und 5 Minuten leise köcheln lassen. 400 g gemischte Bohnen in Tomatensauce aus der Dose zugeben und weitere 3–4 Minuten unter gelegentlichem Rühren erhitzen, bis alles sehr heiß und das Hähnchenfleisch gar ist. Die Sauce in die gekochten Kartoffeln geben und servieren.

30 Warmer Salat mit Hähnchenleber, Kürbis und Speck

Für 4 Personen

4 EL Olivenöl
750 g Butternut-Kürbis, entkernt, geschält und klein gewürfelt
400 g TK-Hähnchenleber, aufgetaut
150 g durchwachsener Speck, in Streifen geschnitten
100 g Walnüsse
150 g Brunnenkresse
frisch gemahlener schwarzer Pfeffer
Balsamico zum Servieren

- 3 EL Öl in einer großen, schweren Pfanne oder einem Wok erhitzen und den Kürbis unter gelegentlichem Rühren bei mittlerer Hitze 15–20 Minuten weich garen.
- Währenddessen in einer zweiten Pfanne das restliche Öl erhitzen und Hähnchenleber und Speck unter ständigem Rühren bei großer Hitze 10 Minuten braten. Walnüsse zugeben und einige Minuten weiterbraten, bis alles durchgewärmt ist.
- Hähnchenleber, Speck, Walnüsse und Kürbis in einer großen Schüssel mischen, mit Pfeffer würzen und 3–4 Minuten abkühlen lassen.
- Kurz vor dem Servieren Brunnenkresse in die Schüssel geben. Den Salat auf vier angewärmte Teller verteilen und mit Balsamico beträufeln.

10 Salat mit Hähnchenleber, Speck und Pinienkernen 2 EL Olivenöl in einer Pfanne erhitzen und 250 g Hähnchenleber mit 150 g gehacktem durchwachsenem Speck bei großer Hitze 5 Minuten braten. Währenddessen 3 EL Pinienkerne in einem kleinen Topf bei schwacher Hitze 3–4 Minuten leicht rösten. 150 g Brunnenkresse in eine Salatschüssel geben, mit Hähnchenleber, Speck und Pinienkernen mischen. Mit Balsamico und Olivenöl beträufeln.

20 Hähnchenleber-Speck-Salat mit Paprika und Zwiebeln 1 rote und 1 orangefarbene Paprika in Stücke schneiden. 2 EL Olivenöl in einer großen, schweren Pfanne erhitzen und die Paprika mit 1 in dünne Ringe geschnittenen roten Zwiebel 4–5 Minuten braten, bis sie weich und stellenweise gebräunt ist. Mit einem Schaumlöffel aus der Pfanne nehmen, 250 g in Stücke gesch- nit tene Hähnchenleber und 150 g gehackten durchwachsenen Speck hineingeben und bei großer Hitze 4 Minuten durchgaren. 100 g Walnüsse zugeben und 2 Minuten braten. In eine große Schüssel füllen, 150 g Spinatblätter zugeben und vorsichtig unterheben. Mit Balsamico beträufeln.

10 Coronation Chicken

Für 4 Personen
150 g Mayonnaise
1–2 TL mittelscharfe Currypaste
1 EL Zitronensaft
1 EL gehackter frischer Koriander
400 g gekochtes Hähnchenfleisch, in Stücken
125 g kernlose Weintrauben, halbiert
2 EL Rosinen
Salz und frisch gemahlener schwarzer Pfeffer

Zum Servieren
Brunnenkresse
knuspriges Brot

- Mayonnaise, Currypaste, Zitronensaft und die Hälfte des Korianders mischen. Mit Salz und Pfeffer würzen.
- Hähnchenfleisch, Weintrauben und Rosinen vorsichtig unterheben. Mit dem restlichen Koriander bestreuen und mit Brunnenkresse und knusprigem Brot servieren.

20 Coronation Chicken mit Getreidesalat

125 g gemischtes Getreide (Reis, Gerste und Dinkel) 10 Minuten in leicht gesalzenem kochendem Wasser garen. Abgießen, unter fließendem kaltem Wasser abschrecken und abtropfen lassen. Coronation Chicken unterrühren und mit gerösteten Mandelblättchen bestreut servieren.

30 Coronation Chicken mit Kartoffelsalat

400 g neue Kartoffeln in leicht gesalzenem kochendem Wasser 10–15 Minuten weich kochen. Abgießen und halbieren. Abkühlen lassen, dann mit 400 g gekochtem Hähnchenfleisch in Stücken, 150 ml Mayonnaise, 1–2 TL mittelscharfer Currypaste, 1 EL Zitronensaft, 1 EL gehacktem frischem Koriander und 1 kleinen Bund gehackten Frühlingszwiebeln mischen.

20 Hähnchenschenkel aus der Pfanne mit Knoblauch-Bohnen-Mus

Für 4 Personen

8 kleine Hähnchenschenkelfilets ohne Haut und Knochen
1 EL Sonnenblumenöl
1 EL grober Senf
150 ml Apfelsaft oder trockener Apfelwein
800 g Limabohnen aus der Dose, abgegossen
4 EL Knoblauchöl
2 EL grob gehackte glatte Petersilie
Salz und frisch gemahlener schwarzer Pfeffer

- Hähnchenschenkelfiltes flach drücken und großzügig mit Salz und Pfeffer würzen. Öl in einer Pfanne erhitzen, Hähnchenschenkel hineingeben und bei großer Hitze 5 Minuten goldbraun braten, dabei einmal wenden.
- Senf und Apfelsaft in die Pfanne rühren, Hitze reduzieren und 10 Minuten köcheln lassen, bis die Sauce reduziert und leicht angedickt ist.
- Währenddessen die Limabohnen mit dem Knoblauchöl und 2 EL Wasser einige Minuten in einem Topf erhitzen. Mit einem Kartoffelstampfer zu Mus verarbeiten, mit Salz und Pfeffer würzen und die glatte Petersilie unterrühren. Mit dem Hähnchen und dem Bratensaft servieren.

---

10 Senfhähnchen mit Grünkohl und Limabohnen 400 g Mini-Hähnchenfilets in 1 EL Sonnenblumenöl 3 Minuten braten. 1 EL groben Senf, 200 g gewaschenen Grünkohl und 400 g Limabohnen aus der Dose, abgegossen, unterrühren. Abgedeckt 5 Minuten kochen, bis der Kohl weich ist. 200 g Crème fraîche zugeben, würzen, erhitzen und servieren.

30 Gefülltes Hähnchenschenkelfilet mit Bohnenmus 8 kleine Hähnchenschenkelfilets ohne Haut und Knochen flach drücken. Mit 200 g weichem Blauschimmelkäse bestreichen, aufrollen, in 8 Scheiben durchwachsenen Speck wickeln und jedes mit einem Cocktailspieß fixieren. In 1 EL Sonnenblumenöl bei großer Hitze 5 Minuten braun braten, dabei gelegentlich wenden. 1 EL groben Senf und 150 ml Apfelsaft oder trockenen Apfelwein zugeben und 10–15 Minuten köcheln lassen, bis das Hähnchenfleisch gar ist. Mit Limabohnenmus wie oben beschrieben servieren.

30 Tortilla mit Hähnchen und Kirschpaprika

Für 4 Personen

2 EL Olivenöl
1 große rote Zwiebel, in Ringe geschnitten
250 g Hähnchenfilet, in dünne Scheiben geschnitten
5 EL gehackte glatte Petersilie
1 EL gehackter Rosmarin
400 g eingelegte Kirschpaprika aus dem Glas, abgegossen
5 Eier
Salz und frisch gemahlener schwarzer Pfeffer

- Den Ofengrill vorheizen.
- Öl in einer Pfanne (25 cm Ø) erhitzen und Zwiebel und Hähnchenfilets 8–10 Minuten bei mittlerer Hitze braten, bis beide weich und gar sind. Petersilie, Rosmarin und Kirschpaprika dazugeben und unter Rühren weitere 2 Minuten braten.
- Eier in einer kleinen Schüssel mit reichlich Salz und Pfeffer verquirlen. Über das Hähnchen und die Zwiebel geben und bei schwacher Hitze 5 Minuten garen, bis es an der Unterseite gestockt ist. 4–5 Minuten grillen, bis auch die Oberfläche gestockt ist. In Tortenstücke geschnitten mit Salat und knusprigem Brot nach Belieben servieren.

---

10 Wok-Omelett mit Hähnchen und Kirschpaprika 1 kleine rote Zwiebel fein hacken. 2 EL Olivenöl in einem großen Wok erhitzen und die Zwiebel 3 Minuten darin braten. 100 g gekochtes Hähnchenfleisch in Würfeln, 50 g grob gehackte Kirschpaprika und 2 EL TK-Petersilie zugeben. 6 verquirlte Eier einfließen lassen und bei großer Hitze backen, bis die Unterseite zu stocken beginnt. Omelette mehrmals wenden, bis beide Seiten gestockt sind. Nach Belieben mit geriebenem Parmesan bestreuen, in vier Stücke schneiden und servieren.

---

20 Hähnchen-Kirschpaprika-Omelett 1 EL Olivenöl in einer Pfanne erhitzen, 1 große in Ringe geschnittene rote Zwiebel und 250 g Hähnchenfilet in Stücken bei mittlerer Hitze unter gelegentlichem Rühren 8–10 Minuten goldbraun braten. 300 g Kirschpaprika aus dem Glas, abgegossen, mit 1 EL gehacktem Rosmarin in die Pfanne geben. Großzügig würzen und 1 weitere Minute erhitzen. 1 EL Olivenöl in eine Pfanne (20 cm Ø) geben und die Hälfte der Eiermischung wie oben beschrieben hineingeben. Bei schwacher Hitze 3–4 Minuten backen. Mit einem Pfannenwender aus der Pfanne nehmen und warm halten. Währenddessen 1 EL Olivenöl in die Pfanne geben und das zweite Ei ebenso zu einem dünnen Omelett backen. Auf jedes eine Hälfte der Hähnchenmischung geben, das Omelett darüberklappen und zum Servieren in zwei Hälften teilen.

20 Hähnchen-Pasta mit Brokkoli und Chorizo

Für 4 Personen

250 g Rigatoni oder andere Pasta
125 g Brokkoliröschen
2 EL Olivenöl
2 Hähnchenbrustfilets ohne Haut, in Scheiben geschnitten
175 g Chorizo, in dicke Scheiben geschnitten
200 g Crème fraîche
4 TL gehackte glatte Petersilie
Salz und frisch gemahlener schwarzer Pfeffer
geriebener Parmesan zum Servieren

- Pasta in leicht gesalzenem kochendem Wasser 10 Minuten garen, bis sie weich sind, Brokkoli in den letzten 5 Minuten dazugeben.
- Währenddessen Öl in einer Pfanne erhitzen, Hähnchenfleisch und Chorizo hineingeben und 5–8 Minuten braten, bis das Fleisch gar ist. Crème fraîche unterrühren und erhitzen, dann die Petersilie zugeben. Wenn die Sauce zu dick wird, etwas Wasser dazugeben.
- Pasta und Brokkoli hineingeben und gut verrühren. Mit Salz und Pfeffer würzen und mit viel geriebenem Parmesan servieren.

---

10 Hähnchen-Tomaten-Ravioli 350 g Ravioli mit Ricotta-Spinat-Füllung aus dem Kühlregal in leicht gesalzenem kochendem Wasser 3 Minuten oder nach Packungsangabe kochen. Abgießen, wieder in den Topf geben, 200 g gekochtes Hähnchenfleisch in Stücken, 100 g gehackte Chorizo und 350 ml Tomaten-Basilikum-Sauce aus dem Glas oder Tetrapack dazugeben. Erhitzen und mit geriebenem Parmesan servieren.

30 Hähnchen-Chorizo-Lauch-Lasagne
Den Ofen auf 220 °C vorheizen. Hähnchenbrustfilets ohne Haut in Stücken, 200 g gehackte Chorizo und 1 in Scheiben geschnittene Lauchstange in 2 EL Olivenöl 5 Minuten bei großer Hitze braten. 350 ml Tomatensauce aus dem Glas oder Tetrapack dazugeben und erhitzen. Frische Lasagneblätter und die Tomatenmischung in eine ofenfeste Form füllen. 350 ml Frischkäsesauce aus dem Glas oder Tetrapack daraufgeben und im Ofen 20 Minuten goldbraun backen, bis die Sauce blubbert. Mit Brokkoli servieren.

30 Rotes Thai-Curry mit Hähnchen-hackbällchen

Für 4 Personen

500 g Hähnchenhack
1 EL Zitronengraspaste
1 TL Ingwerpaste
7 EL gehackter frischer Koriander
1 kleine rote Chilischote (z. B. Birdeye), fein gehackt
1 EL Pflanzenöl
2 EL rote Thai-Currypaste
400 ml Kokosmilch aus der Dose
Salz und frisch gemahlener schwarzer Pfeffer
gekochter Reis zum Servieren (nach Belieben)

- Das Hackfleisch in einer großen Schüssel mit Zitronengraspaste, Ingwerpaste, 3 EL Koriander und Chili mischen. Mit etwas Salz und Pfeffer abschmecken und gut mit der Gabel durcharbeiten. Die Mischung zu 32 walnussgroßen Bällchen formen.
- Das Öl in einer großen, schweren Pfanne erhitzen und die Hackbällchen bei großer Hitze 8–10 Minuten, eventuell portionsweise, goldbraun braten, dabei die Pfanne etwas schwenken, um die Hackbällchen zu wenden. Die Currypaste unter die Kokosmilch rühren und über die Hackbällchen geben. Aufkochen, Hitze reduzieren und 5 Minuten köcheln lassen. Den übrigen Koriander unterrühren und mit gekochtem Reis nach Belieben servieren.

---

10 Thai-Burger In einer Schüssel 400 g Hähnchenhack mit 1 EL Thai-Currypaste und 3 EL gehacktem frischem Koriander vermischen. Zu Burgern formen und so flach wie möglich drücken, ohne dass sie zerfallen. 1 EL Pflanzenöl in einer Pfanne erhitzen und die Burger 2–3 Minuten auf jeder Seite goldbraun braten. Mit Salat in Burgerbrötchen servieren.

20 Thai-Hähnchenpfanne 500 g Hähnchenhack wie oben beschrieben mit Zitronengras, Ingwer, frischem Koriander und Chili würzen. In einem großen Wok oder einer Pfanne 1 EL Pflanzenöl unter gelegentlichem Rühren bei großer Hitze 7–8 Minuten braten, bis das Hackfleisch goldbraun ist. 300 g Zuckererbsen, je 1 gehackte rote Paprika und orangefarbene Paprika hineingeben. Weitere 4 Minuten unter stetigem Rühren kräftig braten, 200 ml Kokosmilch und 2 TL rote Thai-Currypaste hineingeben und unter Rühren 2 Minuten braten, bis alles sehr heiß ist. In angewärmten Schälchen servieren.

10 Hähnchen-Satay

Für 4 Personen

12 Hähnchen-Satay-Spieße aus dem Kühlregal
500 g gekochter thailändischer Reis
4 EL Mayonnaise
2 EL Erdnussbutter (Crunchy)
1 TL rote Thai-Currypaste
2 Frühlingszwiebeln, in Ringe geschnitten

- Die Hähnchen-Satay-Spieße in der Mikrowelle oder einer heißen Pfanne 2–3 Minuten aufwärmen. Den Reis in der Mikrowelle oder einem Topf erwärmen.
- Mayonnaise, Erdnussbutter und Thai-Currypaste mischen und in ein Schälchen füllen.
- Die Hähnchenspieße mit dem Reis und der Sauce servieren, Frühlingszwiebeln darüberstreuen.

---

20 Hähnchen-Satay mit Nudelsalat

200 g Reis-Vermicelli in kochendem Wasser einige Minuten einweichen, dann abgießen. Währenddessen 3 in Scheiben geschnittene Hähnchenbrustfilets ohne Haut in 1 EL Erdnussöl 5 Minuten braten. 1 EL dunkle Sojasauce und 1 EL süße Chilisauce zugeben und 1 Minute köcheln lassen. Nudeln und Hähnchenfleisch mit je 150 g Spinat und Zuckererbsen mischen. Mit einem Dressing aus 2 EL Erdnussbutter (Crunchy), 1 EL süßer Chilisauce, 2 EL Zitronensaft und 1 EL Erdnussöl mischen.

30 Hähnchen-Satay-Spieße

Hähnchen-Satay-Spieße Den Ofengrill vorheizen. 4 Hähnchenbrustfilets ohne Haut in Streifen schneiden und in einer Mischung aus 1 EL dunkler Sojasauce, 1 TL braunem Zucker, 1 TL Zitronengraspaste und 1 TL roter Thai-Currypaste wenden. 10 Minuten darin marinieren. Das Hähnchenfleisch ziehharmonikaartig auf Spieße stecken und auf ein mit Alufolie ausgelegtes Backblech legen. Unter dem Grill 5 Minuten erhitzen. Einen Erdnussdip zubereiten. Dafür 2 EL Erdnussbutter (Crunchy) mit 1 TL roter Thai-Currypaste und 4 EL Kokosnusscreme vermischen. Die Hähnchenspieße mit dem Erdnussdip und einem knackigen Salat servieren.

20 Basilikum-Ricotta-Hähnchen mit getrockneten Tomaten

Für 4 Personen
4 Hähnchenbrustfilets mit Haut
200 g Ricotta
1 kleine Handvoll Basilikum
150 g getrocknete Tomaten
2 EL Olivenöl
Salz und frisch gemahlener schwarzer Pfeffer

Zum Servieren
Spinat
neue Kartoffeln

- Jede Hähnchenbrust seitlich aufschlitzen, sodass eine große Tasche entsteht. Den Ricotta in die Taschen füllen, Basilikum und getrocknete Tomaten daraufgeben. Das Fleisch fest zusammendrücken, damit die Taschen geschlossen werden. Mit Salz und Pfeffer würzen.
- Öl in einer großen Pfanne erhitzen, Hähnchenbrüste mit der Hautseite nach unten 15 Minuten braten, dabei einmal wenden, bis das Fleisch goldbraun und gar ist. Mit Spinat, neuen Kartoffeln und dem Bratsaft aus der Pfanne servieren.

---

10 Mediterranes Omelett (für 2 Personen) 6 Eier mit 2 EL Wasser verquirlen, salzen und pfeffern. 25 g Butter in einer Pfanne erhitzen, bis sie schäumt, die verquirlten Eier zugeben und 1 Minute backen. Mit einem Holzpfannenwender das gestockte Ei in die Mitte schieben, damit das flüssige Ei an die Ränder fließen kann. Wenn es unten goldbraun und oben leicht gestockt ist, mit 150 g Ricotta, etwas Basilikum, 150 g gekochtem Hähnchenfleisch in Scheiben und 150 g gehackten getrockneten Tomaten belegen. Halbieren und zum Servieren auf einen Teller gleiten lassen.

---

30 Gebackenes Basilikum-Ricotta- Hähnchen mit Röstgemüse Ofen auf 220 °C vorheizen. 4 Hähnchenbrüste (mit der Haut nach unten) seitlich als Tasche einschneiden. Mit 200 g Ricotta, etwas Basilikum und 125 g gehackten getrockneten Tomaten füllen. Gut zusammendrücken und mit 2 in Scheiben geschnittenen Zucchini, 1 roten Paprika in Stücken, 3 ungeschälten Knoblauchzehen und 400 g neuen Kartoffeln (große Exemplar halbiert) auf ein Backblech legen. Mit Pfeffer und Salz würzen, mit Olivenöl besprenkeln, einige Rosmarinzweige dazulegen. Im Ofen 25 Minuten backen, bis das Hähnchen gar und das Gemüse weich ist.

30 Hähnchen-Spinat-Päckchen mit Feta

Für 4 Personen

200 g TK-Blattspinat, aufgetaut
200 g gekochte Hähnchenbrust, in Stücke gezupft
½ TL gemahlene Muskatnuss
25 g weiche Butter
3 EL geröstete Pinienkerne
50 g Feta, zerkrümelt
8 Filoteigblätter
Salz und frisch gemahlener schwarzer Pfeffer
Salat zum Servieren

- Den Ofen auf 220 °C vorheizen. Spinat mit Hähnchenfleisch, Muskatnuss und der Hälfte der weichen Butter in eine Schüssel geben und mischen. Großzügig mit Pfeffer und etwas Salz würzen. Pinienkerne und Feta zugeben und mischen.
- Filoteigblätter auf der Arbeitsfläche ausbreiten und jedes von der Breitseite her übereinanderfalten. Die Hähnchenmischung gleichmäßig auf jedem Stück verteilen und eine Seite darüberschlagen, um die Füllung abzudecken. Dann die andere Seite darüberfalten, anschließend die gegenüberliegenden Seiten, eine über und eine unter der Füllung, sodass eine Quadrat entsteht. Auf ein Backblech legen. Die übrige Butter zerlassen und jedes Pastetchen damit bestreichen.
- Im Ofen 15 Minuten goldbraun backen und mit einem Salat servieren.

---

10 Hähnchen-Spinat-Pfanne mit Feta 2 EL Öl in einem großen Wok oder einer Pfanne erhitzen und 2 in dünne Scheiben geschnittene Hähnchenbrustfilets 5 Minuten darin braten. 300 g vorbereitete Spinatblätter mit ½ TL geriebenem Muskat dazugeben und 2 Minuten darin zusammenfallen lassen. Großzügig mit Salz und Pfeffer würzen, 200 g zerkrümelten Feta und 3 EL geröstete Pinienkerne darübergeben. Mit viel knusprigem Brot servieren.

20 Hähnchen-Spinat-Tartes Den Ofen auf 200 °C vorheizen. 4 Filoteigblätter halbieren. Jedes Stück von der Breitseite her übereinanderschlagen, eine Yorkshirepudding- oder Muffin-Form mit vier Mulden damit auslegen. Mit 15 g zerlassener Butter füllen und im Ofen 5–6 Minuten goldbraun und knusprig backen. Währenddessen 15 g Butter in eine Pfanne geben und 250 g gekochte und zerzupfte Hähnchenbrust, 250 g aufgetauten TK-Spinat und ½ TL geriebenen Muskat hineingeben. Unter Rühren sehr stark erhitzen. 3 EL geröstete Pinienkerne und 50 g zerkrümelten Feta zugeben und von der Platte nehmen. Die heiße Füllung in die Pastetenformen füllen und mit einem Salat servieren.

20 Rote Thai-Currysuppe

Für 4 Personen

1 EL Sonnenblumenöl
2 Hähnchenbrustfilets ohne Haut, in Streifen geschnitten
400 g Butternut-Kürbis, geschält und in kleine Stücke geschnitten
1 rote Paprika, in kleine Stücke geschnitten
1 EL rote Thai-Currypaste
400 ml fettarme Kokosmilch aus der Dose
600 ml Hühnerbrühe
200 g grüne Bohnen, halbiert
1 kleine Handvoll frischer Koriander, grob gehackt

- Das Öl in einem großen Topf erhitzen, Hähnchen, Kürbis und Paprika dazugeben und bei großer Hitze 5 Minuten braten.
- Currypaste zugeben, 1 Minute braten, dann Kokosmilch, Brühe und grüne Bohnen unterrühren. Zum Kochen bringen und 10 Minuten köcheln lassen, bis das Hähnchen und das Gemüse gar sind. Den Koriander unterrühren und servieren.

---

10 Kürbissuppe mit Hähnchen und Vermicelli 600 ml Kürbissuppe aus dem Glas oder der Dose im Topf erhitzen. 125 g gekochtes Hähnchenfleisch in Stücken und 75 g Reis-Vermicelli dazugeben und 5 Minuten köcheln lassen, bis die Nudeln weich sind.

30 Würziges Thai-Hähnchen mit Reis 8 kleine Hähnchenschenkel (mit der Haut) in 1 EL Pflanzenöl bei großer Hitze 5 Minuten braten, dabei einmal wenden. 400 g fein gehackten Butternut-Kürbis, 1 fein gehackte rote Paprika und 125 g halbierte grüne Bohnen zugeben und weitere 5 Minuten braten. 1 EL rote Thai-Currypaste, 250 g Langkornreis, 400 ml Kokosmilch aus der Dose und 450 ml Hühnerbrühe unterrühren. 15–20 Minuten köcheln lassen, bis der Reis weich ist. Zum Servieren frischen Koriander darüberstreuen.

30 Kartoffel-Hähnchen-Gratin mit Speck und Thymian

Für 4 Personen

500 g Kartoffeln (ungeschält), in dünne Scheiben geschnitten
2 EL Olivenöl
1 Zwiebel, in dünne Ringe geschnitten
2 Hähnchenbrüste (à etwa 150 g), in dünne Streifen geschnitten
6 Rückenspeckscheiben, in dünne Streifen geschnitten
3 EL frischer Thymian
300 g Sahne
5 EL geriebener Parmesan
Salz und frisch gemahlener schwarzer Pfeffer

- Den Ofengrill vorheizen.
- Die Kartoffeln in einem großen Topf in leicht gesalzenem kochendem Wasser 10 Minuten fast weich kochen, dann abgießen.
- Währenddessen das Öl in einer großen, schweren Pfanne erhitzen und Zwiebel, Hähnchen und Speck bei großer Hitze unter gelegentlichem Rühren 5 Minuten braten, bis das Fleisch durch ist.
- Die Kartoffeln zusammen mit Hähnchen, Speck, Zwiebel und einigen Thymianblättchen in eine flache Gratinform geben, mit einer Schicht Kartoffeln abschließen. Die Sahne mit etwas Salz und Pfeffer würzen und über die Kartoffeln geben. Den Parmesan darüberstreuen und 4–5 Minuten grillen, bis die Oberfläche goldbraun ist und die Sahne blubbert. Mit einem grünen Salat servieren.

---

10 Hähnchen-Speck-Pfanne mit Thymian 2 EL Olivenöl in einer Pfanne erhitzen und 3 in dünne Scheiben geschnittene Hähnchenbrüste (à etwa 150 g) und 150 g gehackten Speck 8 Minuten unter gelegentlichem Rühren darin braten. Dann 1 EL frischer Thymian und 400 g Crème fraîche zugeben. Großzügig mit Salz und Pfeffer würzen und mit Kartoffelpüree, bestreut mit geriebenem Parmesan, servieren.

---

20 Cremiger Hähnchen-Speck-Pie Den Ofengrill vorheizen. 2 Kartoffeln in Scheiben schneiden und in einem großen Topf mit leicht gesalzenem kochendem Wasser 10 Minuten weich kochen, dann abgießen. Währenddessen 1 EL Öl in einem Wok oder einer Pfanne erhitzen und 350 g gewürfeltes Hähnchenfleisch mit 150 g gehacktem Speck 10 Minuten goldbraun braten. 1 EL frischen Thymian und 600 ml Hühnersuppe aus der Dose zugeben und 2–3 Minuten erhitzen. In eine flache Gratinform geben und mit den Kartoffelscheiben belegen. Mit 1 EL Olivenöl bepinseln und 3 EL frisch geriebenen Parmesan darüberstreuen. Unter dem Grill 2–3 Minuten goldbraun grillen.

30 Knusprige Pfeffer-und-Salz-Hähnchenschenkel

Für 4 Personen
8 Hähnchenschenkelfilets (à etwa 125 g)
50 g Mehl
½ TL Salzflocken
1 TL schwarzer Pfeffer
1 EL Olivenöl
3 TL frischer Thymian zum Garnieren

- Ofen auf 220 °C vorheizen. Fleisch und Haut um die Knochen der Hähnchenschenkelfilets mit einem Cocktailspieß fixieren, sodass die Haut straff gespannt ist.
- Mehl einer großen Schüssel mit je der Hälfte von Salz und Pfeffer mischen und die Schenkel darin wenden, bis sie leicht umhüllt sind.
- Öl in einer großen, schweren Pfanne erhitzen und das Hähnchenfleisch mit der Hautseite nach oben 5 Minuten goldbraun braten, dabei einmal wenden.
- Hähnchenschenkelfilets mit der Hautseite nach oben auf einen Backrost legen und mit dem restlichen Salz und Pfeffer bestreuen. Im Ofen 20–25 Minuten goldbraun braten, bis sie durch sind. Beim Hineinstechen sollte klarer Saft austreten.
- Thymian darüberstreuen und mit Blattgemüse oder einem Salat servieren.

---

10 Pfeffer-und-Salz-Minifilets 50 g Mehl in einer Schüssel mit 1 TL schwarzem Pfeffer und etwas Salz mischen. 500 g Mini-Hähnchenfilets darin wenden, bis sie leicht umhüllt sind. 4 EL Olivenöl in einer großen, schweren Pfanne oder einem Wok erhitzen und das Hähnchen bei großer Hitze 7–8 Minuten goldbraun und stellenweise knusprig braten. Mit einem Schaumlöffel aus der Pfanne heben und auf Küchenpapier abtropfen lassen. Heiß mit Senfmayonnaise und einem Salat nach Belieben servieren.

---

20 Pfeffer- und-Salz-Hähnchenschenkel mit Kräuterkruste 8 Hähnchenschenkelfilets (à etwa 125 g) vom Knochen jeweils in zwei große Stücke schneiden. 50 g Mehl in einer Schüssel mit 1 TL schwarzem Pfeffer, ½ TL Salz und 4 EL gehackten gemischten Kräutern wie Petersilie, Thymian und Rosmarin mischen. Hähnchenfleisch darin wenden, bis es umhüllt ist. 4 EL Olivenöl in einer Pfanne erhitzen und das Fleisch bei großer Hitze 10 Minuten darin braten, dabei einmal wenden. Hitze reduzieren und weitere 5 Minuten braten.

10 Paprikahähnchen mit Nudeln

Für 4 Personen

1 EL Sonnenblumenöl
400 g Mini-Hähnchenfilets
1 TL Knoblauchpaste
1 EL Paprikapulver
200 g gemischte TK-Paprikastreifen
1 EL Tomatenpüree
150 g saure Sahne
Salz und frisch gemahlener schwarzer Pfeffer
Tagliatelle zum Servieren

- Das Öl in einer großen Pfanne erhitzen, Hähnchenfilets zugeben und bei großer Hitze 5 Minuten unter Rühren kräftig braten. Knoblauchpaste, Paprikapulver, Parikastreifen und Tomatenpüree zugeben und unter Rühren 3 Minuten weiterbraten.
- Saure Sahne unterrühren, mit Salz und Pfeffer würzen und erhitzen. Mit Tagliatelle servieren.

---

20 Paprikahähnchen und Gnocchigratin Den Grill vorheizen. Paprikahähnchen wie oben beschrieben zubereiten. Wenn es fertig ist, 400g gekochte (für 5 Minuten in leicht gesalzenem kochendem Wasser) und abgetropfte Gnocchi unterrühren. Alles in eine ofenfeste Form geben, mit 100 g geriebenem Cheddar bestreuen und 5 Minuten grillen, bis der Käse zu blubbern beginnt.

---

30 Paprika-Hähnchen-Topf 4 Hähnchenbrustfilets ohne Haut in 1 EL Sonnenblumenöl 5 Minuten braten, dabei einmal wenden. 1 gehackte Zwiebel und 1 gehackte grüne Paprika zugeben, 3 Minuten braten, dann 1 EL Paprikapulver, 1 EL Tomatenpüree und 400 g gehackte Tomaten aus der Dose unterrühren. 15 Minuten köcheln lassen, mit Salz und Pfeffer würzen, 150 g saure Sahne unterrühren. Mit Kartoffelpüree servieren.

20 Orientalisches Hähnchenhack

Für 4 Personen

250 g Langkornreis
1 EL Sonnenblumenöl
500 g Hähnchenhack
6 Frühlingszwiebeln, gehackt
1 rote Chili, entkernt und gehackt
2 EL Schwarze-Bohnen-Sauce
1 EL helle Sojasauce
150 ml Hühnerbrühe
1 TL Maismehl, mit etwas Wasser zu einer glatten Paste gerührt
Salz und frisch gemahlener schwarzer Pfeffer

- Den Reis in leicht gesalzenem kochendem Wasser 10 Minuten weich kochen, dann abgießen.
- Währenddessen das Öl in einem Wok oder einer großen Pfanne erhitzen, Hähnchenhack dazugeben und unter Rühren bei großer Hitze 5 Minuten braten, bis es beginnt, Klümpchen zu bilden.
- Frühlingszwiebeln und Chili zugeben und 2 Minuten mitbraten. Schwarze-Bohnen-Sauce, Sojasauce und Brühe unterrühren und unter gelegentlichem Rühren 5 Minuten köcheln lassen. Mit Salz und Pfeffer würzen und in die Maispaste rühren. Unter Rühren köcheln lassen, bis die Mischung andickt. Mit gekochtem Reis servieren.

---

10 Schwarze-Bohnen-Hähnchenhack mit Krabbenchips 500 g Hähnchenhack in 1 EL Sonnenblumenöl unter Rühren bei großer Hitze 5 Minuten braten. 125 g Schwarze-Bohnen-Sauce aus dem Glas oder Tetrapack dazugeben und 3 Minuten braten. Mit in dünne Ringe geschnittenen Frühlingszwiebeln bestreuen und mit Krabbenchips servieren

---

30 Orientalische Hähnchenhack-bällchen 500 g Hähnchenhack mit 1 zerdrückten Knoblauchzehe mischen und mit Salz und Pfeffer würzen. Die Mischung zu 24 kleinen Bällchen formen und in 2 EL Sonnenblumenöl 8–10 Minuten goldbraun braten. Aus der Pfanne nehmen. 3 gehackte bunte Paprika und 1 in Spalten geschnittene Zwiebel 5 Minuten darin braten. 220 g Ananasstücke aus der Dose abgießen, Saft aufbewahren. Ananas mit den Fleischbällchen in die Pfanne geben und 3 EL Hoisinsauce, 1 EL helle Sojasauce und 5 EL Ananassaft einrühren. 1 TL Maismehl, mit etwas Wasser zu einer glatten Paste gerührt, unterrühren, unter Rühren zum Kochen bringen, bis es leicht andickt. Mit Reis servieren.

30 Hähnchen mit rustikalen Pommes frites

Für 4 Personen

4 kleine Backkartoffeln, in grobe Spalten geschnitten
6 EL Olivenöl
1 TL Salzflocken
4 Hähnchenbrustfilets (à etwa 150 g)
2 EL Mehl
½ TL Senfpulver
1 TL schwarzer Pfeffer
2 EL gehackte glatte Petersilie
Salz

- Ofen auf 220 °C vorheizen.Die Kartoffelspalten in 4 EL Öl wenden und mit den Salzflocken bestreuen. Auf ein Backblech geben und 20–25 Minuten backen, bis sie stellenweise goldbraun sind.
- Währenddessen jede Hähnchenbrust quer halbieren, sodass zwei dünne Hähnchenbrüste entstehen. Das Mehl in einer großen Schüssel mit Senfpulver, Pfeffer und Petersilie mischen und mit etwas Salz würzen. Gut vermischen, die Hähnchenstücke zugeben und darin wenden, bis sie leicht mit dem Mehl umhüllt sind.
- Das restliche Öl in einer großen Pfanne erhitzen und das Hähnchen bei mittlerer Hitze 8–10 Minuten goldbraun braten, dabei einmal wenden. Hähnchen mit den gerösteten Kartoffelecken, Senfmayonnaise und nach Belieben mit einem grünen Salat servieren.

---

10 Würzige Hähnchenstreifen mit Kräuterpüree 12 Mini-Hähnchenfilets in einer Schüssel mit 2 EL Mehl und 1 TL Hähnchengewürz wenden. 3 EL Olivenöl in einer Pfanne erhitzen und das Hähnchen bei großer Hitze 5 Minuten goldbraun braten. Kartoffelpüree mit gehackter Petersilie und je 1 EL Crème fraîche pro Portion dazu servieren.

---

20 Gebratenes Hähnchen mit Kräuter-Kartoffelwürfeln 3 Kartoffeln in kleine Würfel schneiden. 3 EL Olivenöl in einer Pfanne erhitzen und die Kartoffeln unter gelegentlichem Rühren bei mittlerer Hitze 12–15 Minuten goldbraun und weich braten. Währenddessen 12 Mini-Hähnchenfilets in einer Schüssel mit 2 EL Mehl, ½ TL schwarzem Pfeffer und ½ TL Senfpulver wenden, bis sie leicht umhüllt sind. Weitere 3 EL Olivenöl in einer anderen Pfanne erhitzen und das Hähnchen bei großer Hitze 8–10 Minuten goldbraun braten. Mit den in 3 EL gehackter Petersilie gewendeten Kartoffeln servieren.

20 Schnelles Hähnchencurry

Für 4 Personen

2 EL Sonnenblumenöl
4 Hähnchenschenkelfilets ohne Haut, gehackt
2 Süßkartoffeln, geschält und gewürfelt
3 EL Balti-Currypaste
400 g gehackte Tomaten aus der Dose
300 ml Hühnerbrühe
150 g TK-Erbsen
1 kleine Handvoll frischer Koriander, grob gehackt
Naan zum Servieren

- Öl in einer großen Pfanne erhitzen, Hähnchen und Süßkartoffeln zugeben und unter Rühren bei großer Hitze 5 Minuten braten.
- Currypaste, Tomaten und Brühe in die Pfanne hinzugeben, zum Kochen bringen. Hitze reduzieren, abdecken und 10 Minuten köcheln lassen. Erbsen zugeben und weitere 5 Minuten kochen. Frischen Koriander unterrühren und warm mit Naan servieren.

---

10 Curryhähnchen-Naans 3 EL Mayonnaise, 2 TL Currypaste und 1 TL Tomatenpüree mischen. 200 g gekochtes Hähnchenfleisch in Stücken, 2 in Scheiben geschnittene Selleriestangen und ¼ gehackte Gurke unterrühren. 4 kleine Naans erwärmen, mit Salatherzen und der Curryhähnchenmischung servieren

30 Cremiges Hähnchencurry 1 in Ringe geschnittene Zwiebel in 1 EL Sonnenblumenöl 5 Minuten braten, bis sie weich ist. 4 gehackte Hähnchenbrustfilets ohne Haut zugeben und 10 Minuten mitbraten. 125 g gehackte getrocknete Soft-Aprikosen zugeben. 2 EL mittelscharfe Currypaste, 300 g Naturjoghurt und 15 g Sahne verrühren. In die Pfanne geben, zum Kochen bringen und 5 Minuten köcheln lassen. Mit gehacktem frischem Koriander bestreuen und mit Reis servieren.

30 Hähnchen mit Kartoffeln, Spinat und Blauschimmelkäse

Für 4 Personen

1 kg Kartoffeln, grob gewürfelt
3 EL Pflanzenöl
2 Hähnchenbrüste (à etwa 150 g), in dünne Scheiben geschnitten
2 TL Cajungewürz
250 g Cherrytomaten
300 g frische Spinatblätter, gewaschen und abgetropft
125 g Blauschimmelkäse, zerkrümelt

- Kartoffeln in einem großen Topf mit leicht gesalzenem kochendem Wasser 5 Minuten kochen. Gut abtropfen lassen.
- Währenddessen das Öl in einem großen Wok oder einer Pfanne erhitzen und das Hähnchenfleisch 5 Minuten bei großer Hitze goldbraun braten. Mit einem Schaumlöffel aus der Pfanne nehmen und beiseitestellen. Die abgetropften Kartoffeln in die Pfanne geben und bei großer Hitze 10 Minuten goldbraun und weich braten.
- Hähnchenfleisch mit dem Cajungewürz dazugeben und gründlich unterrühren. Tomaten und Spinat unterrühren und 5 Minuten garen, bis die Tomaten weich sind und der Spinat zusammengefallen ist.
- Käse in die Pfanne zerkrümeln und von der Platte nehmen. Leicht vermischen, damit der Käse etwas schmilzt, dann auf angewärmte Teller verteilen.

---

10 Hähnchen-Spinat-Kroketten mit Blauschimmelkäse 100 g Instant-Kartoffelpüreeflocken nach Packungsangabe zubereiten. 1 Hähnchenbrust, grob gehackt, und 1 Handvoll Spinat, grob gehackt, zugeben. 50 g zerkrümelten Blauschimmelkäse unterrühren, Zu vier Kroketten formen, diese leicht flachdrücken. 3 EL Pflanzenöl in einer Pfanne erhitzen und die Kroketten bei großer Hitze 2 Minuten auf jeder Seite goldbraun baten. Mit grünem Salat servieren.

---

20 Hähnchen-Spinat-Rösti mit Blauschimmelkäse 500 g Kartoffeln halbieren und in einem großen Topf mit Salzwasser 5 Minuten kochen. Abgießen, raspeln und mit 1 Handvoll Spinat, gehackt, 50 g gekochtem Hähnchenfleisch in kleinen Stücken und 50 g zerkrümeltem Blauschimmelkäse in eine Schüssel geben. Vermischen und zu vier Bratlingen formen. 3 EL Pflanzenöl in einer Pfanne 2–3 Minuten auf jeder Seite goldbraun braten. Auf Küchenpapier abtropfen lassen und heiß mit grünem Salat servieren.

10 Hähnchen-Mais-Chowder

Für 4 Personen
350 g Creamed Sweetcorn aus der Dose (oder Mais in angedickter Sahnesauce)
450 ml Milch
200 g gekochtes Hähnchenfleisch in Stücken
125 g TK-Mais
2 Frühlingszwiebeln, gehackt
2 TL Maismehl
Salz und frisch gemahlener schwarzer Pfeffer
knuspriges Brot zum Servieren

- Creamed Sweetcorn mit der Milch in einen Topf geben und erhitzen.
- Hähnchenfleisch, Mais und Frühlingszwiebeln dazugeben und mit Salz und Pfeffer würzen. 5 Minuten unter gelegentlichem Rühren köcheln lassen.
- Maismehl mit 1 EL Wasser verrühren, in die Suppe geben und unter Rühren andicken. In Schälchen füllen und mit knusprigem Brot servieren.

---

20 Hähnchen-Mais-Sticks 100 g Mehl, 1 TL Backpulver, etwas Salz und schwarzen Pfeffer, 1 Ei und 150 ml Milch zu einem glatten Teig rühren. 200 g Mais aus der Dose, abgegossen, und 200 g gekochtes Hähnchenfleisch in Stücken unterrühren. Esslöffelgroße Kleckse der Mischung in 1 EL Pflanzenöl je 2 Minuten auf jeder Seite goldbraun braten. Mit knusprig gebratenen Speckscheiben und Tomatenketchup servieren.

---

30 Hähnchen-Mais-Chowder mit Speck 2 gehackte Speckscheiben mit 1 gehackten Zwiebel und 2 gehackten mittelgroßen Kartoffeln in etwas Butter 5 Minuten braten. 500 ml Milch dazugeben und 10 Minuten köcheln lassen. 125 g TK-Mais und 200 g gekochtes Hähnchenfleisch in Stücken zugeben. Mit Salz und schwarzem Pfeffer würzen, erhitzen und mit gehackter frischer Petersilie bestreut servieren.

30 Gefüllte Hähnchenschenkelfilets mit Spinat, Ricotta und Zitrone

Für 4 Personen

8 Hähnchenschenkelfilets ohne Haut (à etwa 125 g)
1 EL Olivenöl
200 g frischer Spinat
1 TL gemahlene Muskatnuss
abgeriebene Schale von 1 unbehandelten Zitrone
125 g Ricotta
Salz und frisch gemahlener schwarzer Pfeffer

- Den Ofen auf 220 °C vorheizen.Die Hähnchenschenkelfilets auf der Arbeitsfläche aufrollen und mit etwas Salz und reichlich schwarzem Pfeffer würzen.
- Das Öl in einer Pfanne erhitzen und den Spinat bei mittlerer Hitze etwa 2 Minuten unter gelegentlichem Rühren garen, bis er zusammenfällt. Von der Platte nehmen und gut abtropfen lassen, in einem Sieb so viel Flüssigkeit wie möglich aus den Blättern pressen. Spinat grob hacken, in eine Schüssel geben, Muskat und Zitronenschale zugeben. Mit Pfeffer würzen. Ricotta gründlich unterrühren.
- Esslöffelgroße Portionen der Mischung in die Mitte der Hähnchenschenkelfilets geben und locker aufrollen, sodass die Füllung nicht herausquillt, und das Fleisch mit Cocktailspießen fixieren.
- In einen Bräter geben und im Ofen 15 Minuten braten, bis das Fleisch durch ist. Heiß mit einem einfachen Salat und warmem knusprigen Brot servieren.

---

10 **Hähnchen mit Ricotta, Tomaten und Pinienkernen** 4 Hähnchenbrustfilets (à etwa 125 g), quer fast ganz halbieren und aufklappen. Das Fleisch in 1 EL Olivenöl 7–8 Minuten durchbraten, einmal wenden. Währenddessen 125 g Ricotta, ½ TL geriebenen Muskat, abgeriebene Schale von 1 unbehandelten Zitrone und 2 EL geröstete Pinienkerne in einem Topf mischen. 5 gehackte getrocknete Tomaten und 2 EL Milch darin erhitzen. Über das Fleisch träufeln und servieren.

20 **Hähnchen mit Ricotta, getrockneten Tomaten und Basilikum** 125 g Ricotta, 8 grob gehackte getrocknete Tomaten und 3 EL gehacktes Basilikum mischen. 4 Hähnchenbrüste (à etwa 125 g), quer fast ganz halbieren und mit esslöffelgroßen Portionen Ricottamischung füllen. Mit Cocktailspießen fixieren. 2 EL Olivenöl in einer großen, schweren Pfanne erhitzen und das Hähnchenfleisch bei mittlerer Hitze auf jeder Seite 5 Minuten braten. Mit einem Deckel schließen und weitere 3 Minuten garen. Mit einem Brunnenkressesalat und warmem knusprigem Brot nach Belieben servieren.

20 Hähnchen-Chili-Pasta

Für 4 Personen
1 EL Sonnenblumenöl
500 g Hähnchenhack
1 Knoblauchzehe, zerdrückt
1 TL Chilipulver
½ TL Chiliflocken
450 ml Passata
1 EL rotes Pesto
400 g Spaghetti
Salz und frisch gemahlener schwarzer Pfeffer
geriebener Parmesan zum Servieren

- Öl in einer großen Pfanne erhitzen, Hähnchenhack dazugeben und bei großer Hitze 5 Minuten braten, dabei Klümpchen zerteilen.
- Knoblauch, Chilipulver, Chiliflocken, Passata und Pesto zugeben. Mit Salz und Pfeffer würzen, aufkochen, dann die Hitze reduzieren und 10 Minuten köcheln lassen.
- Währenddessen die Spaghetti in leicht gesalzenem kochendem Wasser 8–10 Minuten weich kochen. Abgießen und mit der Hähnchen-Chili-Sauce mischen. Mit viel geriebenem Parmesan servieren.

---

10 Chilihähnchen mit Tortillachips 350 ml Tomaten-Chili-Sauce aus dem Glas oder Tetrapack in einem Topf erhitzen. 220 g Kidneybohnen aus der Dose, abgegossen, und 200 g gekochtes Hähnchenfleisch in Stücken zugeben und erhitzen. Mit saurer Sahne und Tortillachips servieren.

30 Gebackenes Chilihähnchen Ofen auf 220 °C vorheizen. Einige Schlitze in die Oberseite von 4 Hähnchenbrustfilets (mit Haut) scheiden. In einen mit Alufolie ausgelegten Bräter legen und eine Mischung aus 5 EL Balsamico, 2 EL Zitronensaft, 4 EL Olivenöl und 1 gehackten roten Chilischote daraufträufeln. Im Ofen 25 Minuten zusammen mit 500 g TK-Bratkartoffeln in einer Extra-Backform backen, bis das Hähnchenfleisch gar ist und die Kartoffeln knusprig sind. Mit Erbsen servieren.

30 Überbackenes Hähnchen mit Käse und Brokkoli

Für 4 Personen

2 EL Olivenöl
3 Hähnchenbrüste (à etwa 150 g), in dünne Scheiben geschnitten
300 g Brokkoliröschen
500 ml Frischkäsesauce aus dem Glas oder Tetrapack
1 TL geriebene Muskatnuss
¼ Ciabatta, in mundgerechte Stücke gezupft
4 EL Olivenöl
½ TL Salzflocken
½ TL schwarzer Pfeffer
2 EL gehackte glatte Petersilie
4 EL geriebener Parmesan

- Ofen auf 200 °C vorheizen. Das Öl in einer großen, schweren Pfanne oder einem Wok erhitzen und die Hähnchenstücke 5 Minuten unter gelegentlichem Rühren goldbraun braten.
- Währenddessen den Brokkoli in einem Topf in leicht gesalzenem kochendem Wasser 5 Minuten weich kochen. Abgießen und mit dem gekochten Hähnchenfleisch mischen. Käsesauce zugeben, mit Muskat würzen und gut vermischen. Unter gelegentlichem Rühren 2–3 Minuten erhitzen. In eine große oder in vier kleine flache ofenfeste Gratinform(en) füllen.
- Währenddessen das Brot in einer großen Schüssel mit dem Öl gründlich vermengen. Salz, Pfeffer und Kräuter zugeben, wieder gründlich mischen.
- Brotstückchen über die Hähnchenmischung geben und mit Parmesan bestreuen. 15 Minuten auf der obersten Schiene des Backofens backen, bis der Käse goldbraun ist und blubbert. Nach Belieben mit einem Salat servieren.

---

10 Brokkoli-Käse-Suppe mit Hähnchen 250 g Brokkoliröschen in 300 ml kochendes Wasser geben, mit geschlossenemDeckel 5 Minuten kochen. 500 ml Frischkäsesauce aus dem Glas oder Tetrapack, 125 g gekochtes Hähnchenfleisch in Stücken und ½ TL geriebenen Muskat unterrühren. Aufkochen, in den Mixer geben und glatt pürieren.

20 Hähnchen-Brokkoli-Gratin Den Ofengrill vorheizen. Hähnchen-Brokkoli-Sauce mit Muskatnuss wie oben beschrieben zubereiten und stark erhitzen. Die Mischung in vier Portions-Gratinformen füllen. 75 g Paniermehl und 2 EL frisch geriebenen Parmesan mischen und gleichmäßig über jede Gratinform streuen. Unter dem Grill 5 Minuten grillen, bis alles sehr heiß und stellenweise goldbraun ist. Mit einem Salat servieren.

30 Bohnen-Tomaten-Pfanne mit Würstchen und Hähnchen

Für 4 Personen

1 EL Olivenöl

4 Schweinswürstchen guter Qualität

300 g Hähnchenfleisch, gewürfelt

1 rote Zwiebel, in Ringe geschnitten

1 rote Paprika, Samen und Scheidewände entfernt und in Streifen geschnitten

100 g Chorizo, in Scheiben geschnitten

2 TL geräuchertes Paprikapulver

800 g Cannellinibohnen aus der Dose, abgegossen

400 g gehackte Tomaten aus der Dose

600 ml Hühnerbrühe

1 EL Maismehl

4 ELgehackte glatte Petersilie

- Das Öl in einer großen, schweren Pfanne erhitzen und die Würstchen bei mittlerer Hitze 10 Minuten goldbraun durchbraten, dabei gelegentlich wenden. Mit einem Schaumlöffel aus der Pfanne nehmen und auf Küchenpapier abtropfen und abkühlen lassen.
- Hähnchenfleisch in die Pfanne geben und unter Rühren 3 Minuten kräftig braten. Zwiebel und Paprika zugeben und weitere 3 Minuten braten, dann Chorizo zugeben und nochmals 2 Minuten braten. Geräuchteres Paprikapulver einrühren. Bohnen, Tomaten und Brühe zugeben und zum Kochen bringen. Würstchen in grobe Stücke schneiden und zugeben. Hitze reduzieren, abdecken und 10 Minuten köcheln lassen.
- Maismehl mit 2 EL Wasser verrühren, mit der Petersilie in die Pfanne geben und gut verrühren, bis es leicht andickt.
- Stew in warme Schälchen füllen und mit knusprigem Brot zum Aufnehmen der Flüssigkeit servieren.

---

10 Hähnchen, Tomaten und Bohnen auf Toast 1 EL Olivenöl in einer Pfanne erhitzen und 2 in dünne Scheiben geschnittene Hähnchenbrüste (à etwa 150 g) 3–4 Minuten bei großer Hitze darin braten. 1 TL geräuchertes Paprikapulver, 300 g eingelegte Paprika aus dem Glas, 400 g Cannellinibohnen aus der Dose, abgegossen, und 400 g gehackte Tomaten aus der Dose zugeben. Aufkochen, 3 Minuten kochen und auf Toast servieren.

20 Hähnchen-Bohnen-Pfanne mit Paprika

1 EL Olivenöl in einem großen Topf erhitzen und 1 in Ringe geschnittene Zwiebel sowie 2 in dünne Scheiben geschnittene Hä nchenbrüste (à etwa 150 g) 3–4 Minuten darin braten. 1 in dünne Scheiben geschnittene rote Paprika und 1 in dünne Scheiben geschnittene Zucchini zugeben und 2–3 Minuten mitbraten. 2 TL geräuchertes Paprikapulver unterrühren und 800 g Cannellinibohnen aus der Dose, abgegossen, sowie 600 ml Hühnerbrühe zugeben und zum Kochen bringen. Hitze reduzieren und 5 Minuten köcheln lassen, dann 4 TL Maismehl mit 2 EL Wasser verrührt zugeben. Gut verrühren, bis es andickt. Mit knusprigem Brot servieren.

QuickChicken

Gerichte für die ganze Familie

Rezepte nach Zubereitungszeit

30

20

30 Gebackene Hähnchenschenkel mit Wurzelgemüse und Honig

Für 4 Personen

4 Hähnchenschenkelfilets
4 kleine Pastinaken, längs geviertelt
4 große Karotten, längs geviertelt
3 EL Olivenöl
3 EL flüssiger Honig
frisch gemahlener schwarzer Pfeffer
4 EL gehackte glatte Petersilie zum Garnieren

- Den Ofen auf 220 °C vorheizen. Die Hähnchenschenkelfiltes mit den Pastinaken und den Karotten in einen Bräter geben. Das Olivenöl darüberträufeln und den Bräter schwenken, um Gemüse und Fleisch mit dem Öl zu umhüllen. Großzügig mit Pfeffer würzen und im Ofen 20–25 Minuten goldbraun backen, in den letzten 3 Minuten den Honig darüberträufeln.
- Die Petersilie darüberstreuen und nach Belieben mit Kartoffelpüree und Blattgemüse servieren.

---

10 Hähnchen-Karotten-Pfanne mit Honig und Thymian

Hähnchen-Karotten-Pfanne mit Honig und Thymian 2 EL Olivenöl erhitzen und 400 g gewürfeltes Hähnchenfleisch bei großer Hitze 2 Minuten scharf anbraten. 2 große, in Scheiben geschnittene Karotten zugeben und unter Rühren 6–7 Minuten braten, bis Fleisch und Karotten gar sind. 4 EL flüssigen Honig darüberträufeln, 1 EL frischen Thymian darüberstreuen und vermischen. Mit Kartoffelpüree oder Reis servieren.

20 Hähnchenbrüste mit Babykarotten und Pastinaken

Hähnchenbrüste mit Babykarotten und Pastinaken 2 EL Olivenöl in einer Pfanne erhitzen und 4 Hähnchenbrüste (à ca. 125 g) bei großer Hitze 2 Minuten auf jeder Seite scharf anbraten. 200 g Babykarotten und 2 grob gehackte Pastinaken zugeben und 10 Minuten bei großer Hitze goldbraun garen, dabei gelegentlich wenden. Mit Pfeffer würzen, 2 EL flüssigen Honig unterrühren. Mit 1 EL frischem Thymian garnieren.

30 Hähnchen-Biryani

Für 4 Personen
250 g Basmatireis
2 EL Öl
1 große Zwiebel, in dünne Ringe geschnitten
300 g gewürfeltes Hähnchenfleisch
1 Lorbeerblatt
3 Kardamomkapseln
1 TL Kurkuma
4 EL Currypaste
150 ml Hühnerbrühe
75 g Rosinen
4 EL Naturjoghurt
50 g gerösteteten Mandelblättchen
4 EL gehackter frischer Koriander zum Garnieren

- Reis in einem großen Topf in leicht gesalzenem kochendem Wasser 15–20 Minuten kochen, bis er weich ist.
- Währenddessen das Öl in einer großen, schweren Pfanne erhitzen und Zwiebel und Hähnchen bei mittlerer Hitze 5–8 Minuten goldbraun braten. Lorbeerblatt, Kardamom und Kurkuma in der letzten Minute zugeben.
- Currypaste hinzufügen und unter Rühren 1 Minute mitbraten, dann die Brühe hineingeben. Aufkochen, Rosinen und Joghurt hinzufügen und 10 Minuten leise köcheln lassen, bis die Brühe um die Hälfte reduziert ist.
- Den gekochten Reis abgießen, in die Pfanne zu dem Fleisch geben und 2–3 Minuten unter Rühren kochen. Mit Mandelblättchen bestreuen und mit gehacktem Koriander garnieren.

---

10 **Fruchtiges Hähnchen-Biryani** 250 g Kochbeutelreis kochen und beiseitestellen. 1 EL Öl in einer Pfanne erhitzen und 250 g gewürfeltes Hähnchenfleisch bei großer Hitze 8 Minuten goldbraun braten. 2 EL Currypaste, 75 g Rosinen und 4 EL Mandelblättchen unterrühren. Den gekochten Reis zugeben, unterrühren, mit frischem Koriander garniert servieren.

20 **Grünes Hähnchen-Biryani** 200 g Langkornreis in einem großen Topf mit leicht gesalzenem kochendem Wasser 10–12 Minuten weich kochen. 2 EL Öl in einer großen, schweren Pfanne erhitzen und 250 g gewürfeltes Hähnchenfleisch mit 8 EL gehacktem frischem Koriander 5–8 Minuten braten, bis es stellenweise goldbraun ist. 3 EL Currypaste zugeben und unter Rühren 3 Minuten mitbraten, dann 400 g Spinat aus der Dose dazugeben. Hitze reduzieren und 3–4 Minuten kochen, bis alles sehr heiß ist. Den Reis gründlich abgießen, in die Pfanne mit dem Hähnchen und dem Spinat geben, gut vermischen und servieren.

20 Tomaten-Hähnchen-Paprika-Tartes toskanische Art

Für 4 Personen

1 Rolle Blätterteig (400 g)
2 Tomaten, in Scheiben geschnitten
150 g mariniertes Hähnchenfleisch in Stücken (z. B. mit Tomatenaroma)
8 eingelegte Paprikastücke aus dem Glas, abgegossen
1 EL frischer Thymian
125 g Kalamata-Oliven, abgegossent
1 EL Olivenöl
Salz und frisch gemahlener schwarzer Pfeffer
grüner Salat zum Servieren

- Den Ofen auf 220 °C vorheizen. Den Blätterteig aufrollen, in vier Kreise (à 12 cm Ø) schneiden und mit genügend Abstand auf einem großen Backblech auslegen. Mit einer Gabel mehrmals einstechen.
- Die Tomatenscheiben gleichmäßig auf dem Teig verteilen, dabei einen 1 cm breiten Rand lassen. Hähnchenfleisch, Paprika, Thymian und Oliven ebenfalls auf dem Teig verteilen. Mit Olivenöl besprenkeln und mit Salz und Pfeffer würzen.
- Auf der obersten Schiene im Ofen 12–15 Minuten backen, bis der Teig aufgegangen und der Belag weich ist. Mit einem einfachen grünen Salat servieren.

10 Pikante Hähnchen-Paprika-Croustades

Den Ofengrill vorheizen. 2 Foccaciabrötchen halbieren. Jede Seite mit 1 EL Olivenöl besprenkeln und 2 Minuten im Grill erhitzen. In Alufolie gewickelt warm halten. 150 g in Scheiben geschnittene Hähnchenbrust mit 300 g eingelegte Paprika aus dem Glas, abgegossen und in Scheiben geschnitten, und 4 EL Kalamata-Oliven in einen Topf geben. Bei schwacher Hitze unter gelegentlichem Rühren 4–5 Minuten erhitzen. 3 EL gehackte glatte Petersilie zugeben. Über die warmen Focaccia verteilt servieren.

30 Toskanische Tarte mit Artischocken und Zitrone

Den Ofen auf 220 °C vorheizen. Eine 400 g Blätterteig aus dem Kühlregal auf einem großen Backblech ausrollen. 400 g eingelegte Artischocken aus dem Glas, abgegossen, mit der abgeriebenen Schale von 1 Bio-Zitrone und 4 EL gehackter Petersilie gemischt, daraufverteilen. 150 g gekochtes mariniertes Hähnchenfleisch in Scheiben mit 1 EL des Artischockenöls oder 1 EL Olivenöl mischen und mit 1 gehackten Tomate und 125 g Kalamata-Oliven daraufverteilen. Im Ofen 25 Minuten backen, bis der Teig aufgegangen und goldbraun ist.

10 Hähnchen mit Baked Beans

Für 4 Personen

1 EL Olivenöl
2 Hähnchenbrüste (à etwa 150 g), in dünne Scheiben geschnitten
1 Zwiebel, in dünne Ringe geschnitten
1 EL Zuckerrübensirup
1 EL grober Senf
1 EL brauner Zucker (Melassesirup)
400 g gehackte Tomaten aus der Dose
400 g Baked Beans aus der Dose
3 EL gehackte glatte Petersilie
frisch gemahlener schwarzer Pfeffer
Vollkorntoast zum Servieren

- Öl in einem mittelgroßen, schweren Topf erhitzen und das Hähnchenfleisch und die Zwiebel bei mittlerer Hitze 3–4 Minuten braten.
- Zuckerrübensirup, Senf, Zucker und Tomaten zugeben, aufkochen lassen und 2 Minuten köcheln lassen, dann die Bohnen zugeben, die Petersilie unterrühren und 1 Minute erhitzen.
- Die Mischung auf 4 warme Scheiben Vollkorntoast verteilen, mit Pfeffer würzen und sofort servieren.

20 Paprika-Baked-Beans mit Hähnchen und Speck

Paprika-Baked-Beans mit Hähnchen und Speck 2 EL Olivenöl in einer Pfanne erhitzen und 1 in dünne Ringe geschnittene Zwiebel, 2 in dünne Scheiben geschnittene Hähnchenbrüste und 4 Scheiben gehackten durchwachsenen Speck 5 Minuten darin goldbraun und weich braten. 1 TL Paprika, 1 EL Zuckerrübensirup, 1 EL groben Senf und 2 EL Melassesirup zugeben und gut verrühren. 400 g gehackte Tomate aus der Dose und 800 g Cannellinibohnen aus der Dose zugeben, zum Kochen bringen, abdecken und 10 Minuten köcheln lassen, die letzten 2 Minuten ohne Deckel. 2 EL gehackte glatte Petersilie unterrühren und servieren.

30 Baked-Beans-Gratin mit Hähnchen

Baked-Beans-Gratin mit Hähnchen Den Ofengrill vorheizen. 2 EL Olivenöl in einer großen, schweren Pfanne erhitzen und 1 große, in dünne Ringe geschnittene Zwiebel und 2 in dünne Scheiben geschnittene Hähnchenbrüste (à etwa 150 g) bei mittlerer Hitze 5 Minuten braten. 2 EL Zuckerrübensirup, 1 EL groben Senf und 1 EL Melassesirup, 400 g gehackte Tomaten aus der Dose und 800 g Cannellinibohnen aus der Dose zugeben. Aufkochen lassen und 8–10 Minuten köcheln lassen, bis die Mischung angedickt ist. In eine große, flache Gratinform füllen. 125 g Vollkorn-Semmelbrösel, 50 g frisch geriebenen Parmesan und 2 EL gehackte glatte Petersilie in einer Schüssel mischen und gleichmäßig bis zu den Rändern auf den Bohnen verteilen. Unter dem Grill 3–4 Minuten grillen, bis die Oberfläche goldbraun und geschmolzen ist. Mit einem Salat und Brot servieren.

20 Würzige Chickenwings mit Avocadosalsa

Für 4 Personen
2 EL Öl
4 EL Tomatenketchup
3 EL süße Chilisauce
½ TL Chiliflocken
1 EL flüssiger Honig
½ TL frisch gemahlener schwarzer Pfeffer
750 g Chickenwings

Für die Avocadosalsa
1 Avocado, gehackt
125 g Cherrytomaten, geviertelt
2 EL gehackter frischer Koriander
abgeriebene Schale und Saft von 1 Limette
1 TL Olivenöl
frisch gemahlener schwarzer Pfeffer

- Den Grill vorheizen. Öl, Ketchup, Chilisauce, Chiliflocken, Honig und Pfeffer in einer großen Schüssel vermischen, Chickenwings zugeben und darin wenden, damit sie von der Mischung gut benetzt werden.
- Chickenwings in einer Schicht auf einen mit Alufolie belegten Grillrost legen und 10 Minuten auf einer Seite grillen, dann wenden und 5–7 Minuten auf der anderen Seite grillen, bis das Hähnchenfleisch gar ist.
- Währenddessen für die Avocadosalsa alle Zutaten in einer kleinen Schüssel mischen und großzügig mit Pfeffer würzen. Die Chickenwings sehr heiß mit der Salsa separat und mit knusprigem Brot nach Belieben servieren, um die Säfte aufzunehmen.

---

10 Würzige Hähnchenwürfel mit Guacamole Den Grill vorheizen. Ketchup, Chilisauce, Chiliflocken, Honig und Pfeffer wie oben beschrieben in einer Schüssel vermischen. 400 g Hähnchenbrustwürfel und 100 g Cherrytomaten zugeben und gut vermischen. Auf einen mit Alufolie belegten Grillrost legen und 7–8 Minuten grillen, dabei einmal wenden, bis das Fleisch gar und stellenweise knusprig ist. Mit Guacamole, aus dem Glas oder selbst gemacht, servieren.

30 Gebackene Chickenwings mit Barbecuesauce und gegrillten Paprika Den Ofen auf 220 °C vorheizen. 4 EL Tomatenketchup, 4 EL Melassesirup und 1 EL Rotweinsessig vermischen. 3 EL flüssigen Honig dazugeben und gut verrühren. 750 g kleine Chicken Wings darin wenden, bis sie gut von der Mischung umhült sind.
Die Chicken Wings in einer Schicht in eine Fettpfane legen und im Ofen 25 Minuten braten, bis sie gar und stellenweise knusprig sind. Währenddessen 1 rote und 1 orangefarbene Paprika in große Stücke schneiden. 1 EL Olivenöl in einer Grillpfanne erhitzen und die Paprika 5–10 Minuten grillen, bis sie leicht verbrannt und weich sind. Mit dem Hähnchenfleisch vermischen und nach Belieben mit Reis und mit den Bratensäften aus der Pfanne über das Fleisch geträufelt servieren.

30 Hähnchen-Pie mit Speck und Pilzen

Für 4 Personen
3 EL Olivenöl
400 g gewürfeltes Hähnchenfleisch
150 g gewürfelter Speck
250 g braune Champignons, halbiert
75 g Butter
25 g Mehl
300 ml Milch
2 EL grober Senf
4 EL gehackte glatte Petersilie
2 EL frischer Thymian
150 g Instant-Kartoffelpüreeflocken
2 EL geriebener Parmesan
Salz und frisch gemahlener schwarzer Pfeffer

- Den Ofengrill vorheizen. 1 EL Öl in einer großen Pfanne erhitzen und das Hähnchenfleisch mit dem Speck bei großer Hitze 8–10 Minuten goldbraun braten. Währenddessen das restliche Öl in eine zweite Pfanne geben und die Pilze bei großer Hitze unter Rühren 5 Minuten goldbraun und weich braten. Pilze mit Speck und Hähnchenfleisch mischen.
- 50 g Butter in einem mittelgroßen Topf erhitzen, Mehl unterrühren und 1 Minute anschwitzen. Von der Platte nehmen, Milch nach und nach zugeben, nach jeder Zugabe gut umrühren. Wieder erhitzen, bis die Milch kocht und andickt. Senf unterrühren, salzen, pfeffern und beiseitestellen.
- Die Petersilie und die Hälfte des Thymians zum Fleisch geben. Die Sauce unterrühren und in eine flache Auflaufform füllen.
- Das Kartoffelpüree nach Packungsangabe zubereiten. Restliche Butter und Thymian zugeben und luftig aufschlagen. Auf der Hähnchen-Speck-Mischung verteilen und mit dem Parmesan bestreuen. Unter dem Grill 3–4 Minuten goldbraun grillen.

---

10 Cremige Hähnchen-Speck-Pfanne mit Spinat 1 EL Olivenöl in einer großen, schweren Pfanne erhitzen und 250 g gewürfeltes Hähnchenfleisch mit 250 g gewürfeltem Speck bei großer Hitze 7–8 Minuten goldbraun braten. 300 g gewaschene Spinatblätter zugeben und unter Rühren mit dem Hähnchenfleisch 2 Minuten braten, dann 200 g Crème fraîche mit 1 EL grobem Senf zugeben. 1 Minute bei großer Hitze erhitzen. Mit warmem knusprigem Brot servieren.

20 Cremige Hähnchen-Pilz-Pfanne mit Kräuterpüree 2 EL Olivenöl in einer großen Pfanne erhitzen und 400 g gewürfeltes Hähnchenfleisch mit 250 g gewürfeltem Speck bei großer Hitze 8–10 Minuten goldbraun durchgaren. In einem Wok oder einer zweiten Pfanne 2 EL Olivenöl erhitzen und 250 g halbierte braune Champignons 8–10 Minuten goldbraun garen. Hähnchenfleisch, 400 g Crème fraîche, 1 EL frischer Thymian und 1 EL groben Senf zu den Pilzen geben. Heiß über 125 g nach Packungsangabe zubereitetes und mit 1 EL frischem Thymian gemischtes Kartoffelpüree geben.

20 Hähnchenschnitzel mit Prosciutto und Gruyère

Für 4 Personen

4 Hähnchenbrüste (à etwa 125 g)
1 Ei, verquirlt
125 g frische weiße Semmelbrösel
4 EL Olivenöl
4 Scheiben Gruyère
4 Scheiben Prosciutto
Salbei zum Garnieren

- Den Grill auf starke Hitze vorheizen. Die Hähnchenbrüste zwischen 2 Stücken geölter Frischhaltefolie mit dem Nudelholz flach drücken, bis sie die doppelte Größe haben. Das verquirlte Ei in einen tiefen Teller geben, die Semmebrösel in eine zweiten tiefen Teller füllen. Jede Hähnchenbrust in Ei und anschließend in den Semmelbröseln wenden, beiseitestellen.
- Das Öl in einer großen, schweren Pfanne erhitzen (evtl. werden zwei Pfannen benötigt, um die Schnitzel gleichzeitig zu braten). Die Schnitzel bei mittlerer Hitze 4 Minuten auf jeder Seite goldbraun und knusprig braten.
- Auf zwei Backbleche legen und mit je 1 Gruyèrescheibe und 1 Scheibe Prosciutto belegen. Unter dem Grill 2 Minuten grillen, dann die Hitze reduzieren und weitere 2 Minuten ruhen lassen, bis der Käse etwas schmilzt. Mit Salbei garniert servieren.

10 Knusprige Hähnchen-Nuggets mit warmer Käseauce 500 g Mini-Brustfilets in 75 g weißen Semmelbröseln wenden. 8 EL Olivenöl in einer Pfanne erhitzen und das Hähnchenfleisch bei mittlerer Hitze 7–8 Minuten goldbraun durchgaren, dabei gelegentlich wenden. Währenddessen 75 g geriebenen Gruyère mit 200 g Crème fraîche und 2 TL Dijonsenf in einen kleinen Topf geben. Sanft erwärmen, dabei mit dem Holzkochlöffel umrühren, bis der Käse schmilzt. Die Gougons mit der Käsesauce zum Dippen servieren.

30 Hähnchen-Prosciutto-Röllchen mit Gruyère 4 Hähnchenbrüste (à etwa 125 g) zwischen 2 Stücken geölter Frischhaltefolie flach klopfen, bis sie dünn und fast doppelt so groß sind. 75 g Gruyère reiben und gleichmäßig auf jede Hähnchenbrust streuen. Großzügig mit Pfeffer würzen, mit je 1 Stück Prosciutto belegen und mit 2 EL gehacktem Salbei bestreuen. Jede Hähnchenbrust leicht zu einer ordentlichen Rolle aufrollen und mit einem Cocktailspießchen fixieren. 2 EL Olivenöl in einer Pfanne (mit Deckel) erhitzen und dieHähnchenrollen unter gelegentlichem Wenden bei mittlerer Hitze 10 Minuten goldbraun braten. Die Pfanne in den letzten 10 Minuten mit dem Deckel schließen und Hitze reduzieren. Mit einem Salat servieren.

10 Kokos-Spinat-Suppe mit Curry

Für 4 Personen

2 Hähnchenbrüste (à etwa 150 g), in dünne Scheiben geschnitten
1 TL gemahlener Koriander
250 g Kochbeutelreis
2 Dosen Kokosmilch (à 400 g)
2 EL Korma-Currypaste
300 ml Hühnerbrühe
6 EL gehackter frischer Koriander
300 g frischer Spinat, gewaschen und abgetropft
Salz und frisch gemahlener schwarzer Pfeffer
Naan zum Servieren

- Das in Scheiben geschnittene Hähnchenfleisch mit dem gemahlenen Koriander, Reis, Kokosmilch, Currypaste und Brühe in einen großen Topf geben und aufkochen lassen. Abdecken und 5 Minuten köcheln lassen.
- Frischen Koriander und Spinatblätter zugeben und unter gelegentlichem Rühren 2–3 Minuten weiterköcheln lassen, bis der Spinat zusammengefallen ist. Großzügig mit Salz und frisch gemahlenem schwarzem Pfeffer würzen, in angewärmte Servierschälchen füllen und mit warmem Naan servieren.

---

20 **Scharfe Hähnchen-Kokos-Suppe mit Okra** 2 in dünne Scheiben geschnittene Hähnchenbrüste (à etwa 150 g) mit 800 ml Kokosmilch aus der Dose, 2 EL scharfer Currypaste, 1 in dünne Scheiben geschnittenen Chilischote, 3 EL gehacktem frischem Koriander, 250 g grob gehackter Okraschote und 300 ml kräftiger Hühnerbrühe in einen Topf geben. Aufkochen und 15 Minuten kochen, bis die Suppe sehr heiß und die Okra weich ist. In warme Schälchen füllen und mit warmem Naan servieren.

---

30 **Linsen-Kokos-Suppe mit Spinat** 2 in dünne Scheiben geschnittene Hähnchenbrüste (à etwa 150 g) mit 200 g roten Linsen, 2 TL gemahlenem Koriander, 800 ml Kokosmilch aus der Dose, 2 EL Korma-Currypaste, 1 Bund gehackten Frühlingszwiebeln und 300 ml Hühnerbrühe in einen großen, schweren Topf geben und aufkochen lassen. Hitze reduzieren, Topf abdecken und unter gelegentlichem Rühren 20–25 Minuten köcheln lassen, bis die Linsen weich sind. 300 g frische Spinatblätter in den letzten 5 Minuten zugeben. Mit warmem Naan servieren.

30 Hähnchen-Speck-Gemüse-Schichtauflauf mit Käse

Für 4 Personen

4 EL Olivenöl
2 Hähnchenbrüste (à etwa 150 g), in dünne Scheiben geschnitten
175 g durchwachsener Speck, gehackt
400 g Butternut-Kürbis, in dünne Scheiben geschnitten
1 rote Zwiebel, in dünne Ringe geschnitten
4 große Tomaten, in Scheiben geschnitten
150 g reifer Cheddar, gerieben
4 EL gehackte glatte Petersilie (nach Belieben)

- Den Ofengrill vorheizen.
- Öl in einer großen, schweren Pfanne erhitzen und Hähnchenbrüste und Speck bei großer Hitze 3 Minuten braten. In dünne Scheiben geschnittenen Butternut-Kürbis und Zwiebel zugeben und bei großer Hitze 10 Minuten weiterbraten.
- Die Hälfte der in Scheiben geschnittenen Tomaten in einer Schicht auf dem Boden einer flachen Auflaufform verteilen. Die Hälfte der Hähnchen-Kürbis-Mischung daraufgeben, dann die Hälfte des geriebenen Käses darüberstreuen. Mit einer zweiten Schicht Tomaten, dem restlichen Hähnchenfleisch, Kürbis und einer weiteren Schicht Käse bedecken.
- Im Grill 10–15 Minuten goldbraun grillen, bis der Käse Blasen wirft. Nach Belieben mit Petersilie garnieren und mit einem grünen Salat servieren.

---

10 Hähnchen-Tomaten-Schichtauflauf

Den Ofengrill vorheizen. 6 Tomaten in Scheiben schneiden und mit 200 g gekochtem Hähnchenfleisch in Stücken, 6 EL gehackter Petersilie und 200 g geriebenem Cheddar in vier flache Portions-Auflaufförmchen schichten, mit einer Schicht Käse abschließen. Auf ein Backblech stellen, 1 Minute goldbraun grillen. Mit knusprigem Brot servieren.

---

20 Hähnchen-Speck-Kürbis-Pfanne mit Artischocken

Artischocken 1 EL Olivenöl und 25 g Butter in einer großen, schweren Pfanne erhitzen und 250 g gewürfeltes Hähnchenfleisch mit 125 g gewürfeltem Speck bei großer Hitze 5 Minuten braten. Währenddessen 350 g Butternut-Kürbis in dünne Scheiben schneiden. Kürbis in die Pfanne geben und unter gelegentlichem Rühren weitere 10 Minuten braten, bis der Kürbis goldbraun und weich ist. 400 g Artischockenherzen aus dem Glas oder der Dose, abgegossen und geviertelt, in die Pfanne geben und 2 Minuten erhitzen. 6–8 EL gehackte glatte Petersilie darüberstreuen und auf angewärmten Tellern mit geriebenem Parmesan nach Belieben servieren.

30 Gefüllte Hähnchenbrust mit Speck

Für 4 Personen

4 Hähnchenbrüste (à etwa 125 g)
50 g Salbei-Zwiebel-Füllung aus der Packung (Brotwürfel mit Salbei, Zwiebel und Butter)
4 Speckscheiben
250 g Babykarotten
3 EL Olivenöl
2 EL gehackte glatte Petersilie

- Den Ofen auf 200 °C vorheizen. Die Hähnchenbrüste auf die Arbeitsfläche legen, längs fast ganz durchschneiden, dabei am langen Ende ein „Scharnier" stehen lassen. Die Füllung nach Packungsangabe zubereiten und je 1 EL der Füllung in jede Brust füllen. Jedes Stück fest in eine Speckscheibe wickeln, um die Füllung zu fixieren.
- Hähnchen und Karotten in einen oder zwei Bräter (je nach Größe) geben, das Olivenöl darüberträufeln und beides leicht darin schwenken. Im Ofen 25 Minuten braten, bis das Hähnchenfleisch goldbraun und gar ist. Petersilie zum Garnieren darüberstreuen und servieren.

---

10 Hähnchen-Speck-Pfanne mit Salbei und Zwiebeln 3 EL Olivenöl in einer großen, schweren Pfanne erhitzen und 1 in grobe Ringe geschnittene rote Zwiebel, 400 g Mini-Hähnchenfilets und 4 grob gehackte Rückenspeckscheiben bei großer Hitze unter Rühren 8–10 Minuten goldbraun und weich braten. 1 EL gehackten Salbei dazugeben und einige Sekunden weiterbraten, mit Kartoffelpüree und Bratensaft nach Belieben servieren.

20 Hähnchen in Speckhülle mit Salbei-Zwiebel-Bällchen 4 Hähnchenbrüste (à etwa 125 g) in 4 Rückenspeckscheiben wickeln. 2 EL Olivenöl in einer großen, schweren Pfanne erhitzen und das Fleisch bei großer Hitze mit der Gelenkseite nach unten 5 Minuten braten, wenden und weitere 5 Minuten braten. Währenddessen 75 g Salbei-Zwiebel-Füllung nach Packungsangabe zubereiten und zu vier Bällchen formen. In die Pfanne geben, Hitze reduzieren, abdecken und 5 Minuten köcheln lassen. Mit 2 EL gehackter glatter Petersilie garniert servieren.

20 Hähnchen-Korma

Für 4 Personen
2 EL Öl
1 große Zwiebel, grob gehackt
500 g Hähnchenbrust, gewürfelt
1 TL gehackter Ingwer
1 TL gehackter Knoblauch
1 TL getrocknete Chiliflocken
1 EL gemahlener Koriander
1 TL gemahlener Kurkuma
1 TL Garam Masala
4 EL gemahlene Mandeln
300 g Naturjoghurt
300 g Sahne
6 EL gehackter frischer Koriander
Reis zum Servieren

- Das Öl in einer großen, schweren Pfanne erhitzen und Zwiebel und Hähnchenfleisch 5 Minuten weich und stellenweise goldbraun braten. Alle Gewürze zugeben und bei großer Hitze 2–3 Minuten braten, dabei schwenken und rühren, bis alles gut vermischt ist.
- Die gemahlenen Mandeln zugeben und verrühren, dann den Joghurt und die Sahne zugeben. Ohne Deckel unter gelegentlichem Rühren bei mittlerer Hitze 10 Minuten kochen, bis das Fleisch gar ist und die Sauce Farbe und eine schöne Konsistenz angenommen hat, nach Bedarf etwas Wasser zugeben. Von der Platte nehmen, frischen Koriander unterrühren und mit Reis nach Belieben servieren.

---

10 Schnelles Hähnchen-Korma 2 EL Öl in einer großen, schweren Pfanne erhitzen und 500 g gewürfeltes Hähnchenfleisch bei großer Hitze unter gelegentlichem Rühren 5 Minuten stellenweise goldbraun braten. 3 EL Korma-Currypaste zugeben und einige Sekunden braten, dann 300 g Naturjoghurt und 8 EL Sahne zugeben. Bei mittlerer Hitze 4–5 Minuten kochen, bis die Sauce etwas reduziert und das Fleisch gar ist. Mit warmem Naan servieren.

---

30 Hähnchen-Kartoffel-Korma mit Spinat 2 Kartoffeln (à etwa 200 g) in Stücke schneiden. 2 EL Öl in einem großen, schweren Topf erhitzen und 1 große gehackte Zwiebel, 400 g gewürfeltes Hähnchenfleisch und die Kartoffeln bei großer Hitze 5 Minuten braten, bis alles stellenweise goldbraun ist. 1 gehackte Knoblauchzehe, 1 TL gehackten Ingwer, Chiliflocken, gemahlenen Koriander, Kurkuma und Garam Masala wie oben beschrieben zugeben. 2 Minuten mitbraten. 5 EL gemahlene Mandeln und 400 ml Kokosmilch aus der Dose, aufkochen lassen, Hitze reduzieren und unter gelegentlichem Rühren 15 Minuten köcheln lassen. 300 g Naturjoghurt unterrühren und weitere 5 Minuten unter gelegentlichem Rühren köcheln lassen, bis die Kartoffeln weich sind und das Hähnchenfleisch gar ist. 400 g Spinat und 4 EL gehackten frischen Koriander unterrühren und 2 Minuten erhitzen, dann servieren.

30 Barbecue-Stubenküken mit Mais und Chilisalsa

Für 4 Personen

2 Stubenküken, halbiert
abgeriebene Schale und Saft von 1 unbehandelten Zitrone
1 EL Cajun-Gewürzmischung
2 EL Olivenöl
200 g Mais aus der Dose
1 rote Chili, fein gehackt
¼ Gurke, fein gehackt
Salz und frisch gemahlener schwarzer Pfeffer

- Den Grill vorheizen. Die halbierten Stubenküken in einen großen Bräter geben und rundum mit Salz und Pfeffer würzen. Zitronenschale und -saft, Cajun-Gewürzmischung und 1 EL Olivenöl mischen und die Mischung auf die Stubenkükenstücke pinseln. Auf dem Grill unter gelegentlichem Wenden 25 Minuten stellenweise goldbraun durchgaren.
- Währenddessen den Mais in eine Schüssel geben und mit Chili, Gurke und dem restlichen Olivenöl gut vermischen. Mit den Stubenküken servieren.

10 Hähnchenpfanne mit Chili und Mais 2 EL Olivenöl in einer großen, schweren Pfanne oder einem Wok erhitzen. 400 g gewürfeltes Hähnchenfleisch mit 1 TL Cajun-Gewürzmischung und 1 fein gehackten roten Chilischote in der Pfanne bei großer Hitze 5 Minuten goldbraun braten. 200 g Mais aus der Dose, abgegossen, und 200 g Zuckererbsen zugeben und weitere 3 Minuten unter Rühren braten. In angewärmten Servierschälchen mit Zitronenspalten servieren.

20 Hähnchenspieße mit Mais und Chilisalsa Den Grill vorheizen. 3 Hähnchenbrüste (à etwa 150 g) würfeln und in einer Schüssel mit 1 EL Olivenöl und 2 TL Cajun-Gewürzmischung gut vermischen. Hähnchenstücke auf vier Bambus- oder Metallspieße spießen und 10–12 Minuten grillen, bis sie gar sind. Währenddessen die Salsa wie oben zubereiten, mit den heißen Hähnchenspießen servieren.

10 Warmes Hähnchen-Ciabatta mit Salsa und Rucola

Für 4 Personen

1 EL Olivenöl
2 Hähnchenbrüste (à etwa 150 g), längs in Scheiben geschnitten
1 Ciabatta, halbiert
2 reife Tomaten, grob gehackt
1 kleine rote Zwiebel, in dünne Ringe geschnitten
3 EL gehackte glatte Petersilie
Mayonnaise nach Geschmack
Senf nach Geschmack
frisch gemahlener schwarzer Pfeffer
Rucola zum Servieren

- Das Öl in einer großen, schweren Pfanne erhitzen. Die Hähnchenbrüste mit reichlich Pfeffer bestreuen, in die Pfanne geben und unter gelegentlichem Wenden bei großer Hitze 7–8 Minuten braten, bis sie goldbraun und gar sind.
- Die Ciabattahälften in vier Stücke schneiden und mit der Schnittfläche nach unten in einer heißen Grillpfanne 1–2 Minuten grillen, bis sie leicht geröstet sind.
- Gehackte Tomaten, Zwiebel und Petersilie zu einer Salsa vermischen.
- Die Hähnchenstücke auf vier Ciabattastückchen verteilen und die Salsa daraufgeben. Die oberen Cibattahälften mit Mayonnaise und Senf bestreichen, darauflegen und mit Rucola servieren.

---

20 Warmes Tomaten-Hähnchen-Sandwich mit karamellisierten Zwiebeln 4 EL Olivenöl erhitzen, 1 in feine Ringe geschnittene rote Zwiebel bei mittlerer Hitze 15 Minuten darin karamellisieren lassen. 1 EL braunen Zucker in der letzten Minute dazugeben, beiseitestellen. Aus 1 fein gehackten Tomate und 3 EL gehacktem Koriander eine Salsa mischen, mit Salz und Pfeffer würzen und beiseitestellen. 1 EL Olivenöl erhitzen, 2 in Scheiben geschnittene Hähnchenbrüste 4–5 Minuten darin goldbraun braten. 1 Ciabatta halbieren und mit Mayonnaise bestreichen. Mit dem Hähnchen, der Zwiebel und der Salsa belegen. Rucola zugeben und servieren.

30 Hähnchengratin mit Tomaten, Zwiebeln und Spinat Den Grill auf mäßige Hitze vorheizen. 4 EL Olivenöl in einer großen, schweren Pfanne erhitzen und 4 mit 1 EL Pfeffer gewürzte und gewürfelte Hähnchenbrüste (à etwa 150 g) bei mittlerer Hitze 2 Minuten braten. 4 grob gehackte Tomaten und 1 in dünne Scheiben geschnittene rote Zwiebel zugeben und unter gelegentlichem Rühren 10 Minuten braten, bis sie weich sind. 300 g frischen Spinat unterrühren und 3 Minuten mitbraten, bis er zusammengefallen ist. In eine flache, ofenfeste Gratinform füllen. ¼ Ciabatta in kleine Stücke reißen und über das Hähnchen streuen. 125 g geriebenen mittelalten Cheddar darüberstreuen und 3–4 Minuten goldbraun grillen.

30 Hähnchen-Lauch-Pie mit Petersilie

Für 4 Personen

400 g Blätterteig aus dem Kühlregal
1 Ei, verquirlt
50 g Butter
400 g Hähnchenfleisch, gewürfelt
2 Lauchstangen, fein gehackt
4 EL gehackte glatte Petersilie
150 ml Weißwein
150 g Sahne
2 TL Dijonsenf
Salz und frisch gemahlener schwarzer Pfeffer

- Den Ofen auf 200 °C vorheizen. Den Teig aufrollen und mithilfe einer Untertasse (15 cm Ø) als Schablone vier Kreise ausschneiden. Auf ein großes, mit Backpapier ausgelegtes Backblech legen. Wenn Sie Zeit haben, schneiden Sie zusätzlich Blätter aus den Teigresten aus und legen Sie auf jeden Kreis vier Stücks. Mit verquirltem Ei bestreichen und im Ofen 15 Minuten knusprig backen.
- Währenddessen die Butter in einer großen, schweren Pfanne erhitzen und das Hähnchen bei großer Hitze 10 Minuten goldbraun braten. Lauch zugeben und unter gelegentlichem Rühren weitere 5 Minuten weich braten. Petersilie und Wein unterrühren, die Hitze erhöhen und den Wein auf die Hälfte einkochen.
- Sahne und Senf zugeben und erhitzen, aber nicht kochen lassen, bis alles sehr heiß ist. Großzügig mit Salz und Pfeffer würzen und die Hähnchenmischung auf vier angewärmte Teller verteilen. Jede Portion mit einem Teigkreis belegen und mit Gemüse servieren.

---

10 Hähnchen in Lauch-Senf-Creme mit Käsekartoffelpüree 25 g Butter in einer Pfanne erhitzen und 250 g in dünne Scheiben geschnittenes Hähnchenfleisch bei großer Hitze 5 Minuten goldbraun braten. 2 in Ringe geschnittene Lauchstangen zugeben und bei großer Hitze 3 Minuten weiterbraten. 200 g Crème fraîche und 1 TL Dijonsenf zugeben und noch 1 Minute erhitzen. 600 g Käse-Kartoffelpüree erhitzen, das Hähnchen darübergeben und servieren.

20 Hähnchen-Lauch-Pie mit Kartoffelpuffern
Den Grill vorheizen. 25 g Butter in einer großen, schweren Pfanne erhitzen und 350 g Hähnchenfleisch bei großer Hitze 10 Minuten braten. 2 fein gehackte Lauchstangen zugeben und bei großer Hitze weitere 5 Minuten braten. 200 g Crème fraîche mit 2 TL Dijonsenf verrühren und 1 weitere Minute stark erhitzen. 4 Kartoffelpuffer aus dem Kühlregal auf einen mit Alufolie ausgelegten Grillrost legen und unter dem Grill 2–3 Minuten stark erhitzen. Die Hähnchen-Lauch-Mischung auf vier angewärmte Teller verteilen, je 1 warmen Kartoffelpuffer darauflegen und servieren.

20 Vollkorn-Hähnchen-Sticks mit Zitronenmayonnaise

Für 4 Personen

4 Hähnchenbrüste (à etwa 150 g)
75 g Mehl
2 Eier, verquirlt
250 g Vollkorn-Semmelbrösel
2 TL Paprikapulver
4 EL gehackte glatte Petersilie
6 EL Pflanzenöl
Rohkost: Karottenstifte, in Scheiben geschnittene Paprika und Zuckerschoten

Für die Zitronenmayonnaise
150 g Mayonnaise
abgeriebene Schale und Saft von 1 unbehandelten Zitrone
frisch gemahlener schwarzer Pfeffer

- Jede Hähnchenbrust längs in 6 lange Scheiben (Sticks) schneiden und in eine Schüssel mit dem Mehl geben. Gut darin wenden, dann überschüssiges Mehl abschütteln. Die verquirlten Eier in eine große Schüssel geben. In einer weiteren Schüssel Semmelbrösel, Paprika und Petersilie gut vermischen. Jede Hähnchenscheibe erst ins Ei und dann in die Semmelbrösel tauchen.
- Das Öl in einer großen, schweren Pfanne erhitzen und das Fleisch portionsweise bei mittlerer Hitze und unter gelegentlichemWenden 4–5 Minuten braten, bis es außen goldbraun und knusprig und innen gar ist. Die fertigen Sticks warm halten, während die übrigen zubereitet werden.
- Währenddessen die Zitronenmayonnaise zubereiten. Dafür Mayonnaise mit Zitronenschale und -saft in einer kleinen Schüssel mischen und gut mit Pfeffer würzen.
- Die warmen Hähnchen-Sticks mit der Zitronenmayonnaise und Rohkost servieren.

---

10 Hähnchen-Sticks mit Zitronenmayo
3 Hähnchenbrüste jeweils längs in 5 Scheiben schneiden. In einer Schüssel 4 EL Mehl, ½ TL Pfeffer und ½ TL Hähnchengewürz (nach Belieben) mischen. Das Hähnchenfleisch damit leicht bemehlen. 3 EL Pflanzenöl in einer großen Pfanne erhitzen und das Fleisch unter gelegentlichem Wenden 7–8 Minuten goldbraun durchgaren. Währenddessen 150 g Mayonnaise mit der abgeriebenen Schale und dem Saft von 1 Zitrone vermischen und mit Salz und Pfeffer würzen. Das Fleisch mit Mayonnaise servieren.

30 Hähnchen-Parmesan-Sticks aus dem Ofen mit Paprika Den Ofen auf 200 °C vorheizen. 2 verschiedenfarbige Paprika in Stücke schneiden, in 1 EL Olivenöl wenden, in einen großen Bräter und im Ofen rösten. Währenddessen 4 Hähnchenbrüste (à etwa 150 g) in 4 dicke Scheiben schneiden. 125 g Vollkorn-Semmelbrösel und 25 g frisch geriebenen Parmesan mischen. Das Hähnchenfleisch fest in die Mischung drücken, um es damit zu umhüllen, und in den Bräter zu den Paprika geben. 20 Minuten backen, bis es gar ist. Mit 2 EL gehackter Petersilie betreuen und nach Belieben mit Mayonnaise servieren, die mit etwas Paprikapulver aromatisiert ist.

30 Pesto-Hähnchenbällchen in Tomatensauce mit Pasta

Für 4 Personen

125 g Hähnchenhack
4 EL Pesto
4 EL gehacktes Basilikum
2 EL Olivenöl
1 Zwiebel, grob gehackt
400 g gehackte Tomaten aus der Dose
4 EL Tomatenpüree
Salz und frisch gemahlener schwarzer Pfeffer
frische Pasta zum Servieren (nach Belieben)

- Das Hack in eine Rührschüssel geben, das Pesto und Basilikum dazugeben, mit einer Gabel unter das Hack arbeiten und zu 24–30 kleinen Bällchen formen.
- 1 EL des Öls in einer großen, schweren Pfanne erhitzen und die Hähnchenbällchen bei großer Hitze 10 Minuten goldbraun braten, dabei die Pfanne gelegentlich schwenken, um die Fleischbällchen zu wenden.
- Währenddessen das restliche Öl in einer zweiten Pfanne erhitzen und die Zwiebel bei mittlerer Hitze 3–4 Minuten unter Rühren braten, bis sie weich ist. Gehackte Tomaten und Tomatenpüree dazugeben und großzügig mit Salz und Pfeffer würzen. Aufkochen lassen, dann die Hitze reduzieren und ohne Deckel 5 Minuten köcheln lassen, bis die Sauce reduziert und leicht angedickt ist.
- Die Hähnchenbällchen in die Tomatensauce rühren und mit frischer Pasta nach Belieben servieren.

10 **Hähnchenburger mit Pesto** 400 g Hähnchenhack zu 4 Burgern formen. 1 EL Olivenöl in einer Pfanne erhitzen und die Burger 3–4 Minuten auf jeder Seite braten. Großzügig mit Pfeffer würzen und mit je 1 TL Pesto bestrichen und mit 1 dicken Tomatenscheibe belegt in Vollkorn-Burgerbrötchen servieren.

20 **Hähnchenbällchen mit Pesto** 500 g Hähnchenhack zu 20 Bällchen formen. 1 EL Olivenöl in einer Pfanne erhitzen und die Hähnchenbällchen bei großer Hitze 15 Minuten goldbraun braten, dabei die Pfanne gelegentlich schwenken, um die Bällchen zu wenden. 4 EL Pesto in die Pfanne geben und die Bällchen durch Schwenken der Pfanne damit umhüllen. Auf frisch gekochter Pasta mit Parmesan servieren.

30 Hähnchenschenkel mit Butter und Zitrone aus dem Ofen

Für 4 Personen

8 Hähnchenschenkelfilets ohne Haut und Knochen
abgeriebene Schale und Saft von 1 unbehandelten Zitrone
3 EL gehackte glatte Petersilie
50 g Butter
frisch gemahlener schwarzer Pfeffer

- Den Ofen auf 200 °C vorheizen. Die Hähnchenschenkelfilets mit Zitronensaft und -schale, Petersilie und reichlich Pfeffer in eine große Rührschüssel geben und gut vermischen. Jedes Fleischstück aufrollen und mit einem Cocktailspießchen fixieren.
- Die Hähnchenschenkel in einen Fettpfanne oder einen Bräter legen, eventuell übrig gebliebenen Saft darübergeben und jedes Stück mit einem kleinen Butterstückchen belegen. Im Ofen 20–25 Minuten braten, bis sie goldbraun und gar sind. Mit Gemüse der Saison servieren.

---

10 Zitronen-Butter-Pilaw 500 g Mini-Hähnchenbrustfilets mit der abgeriebenen Schale und dem Saft von 1 unbehandelten Zitrone und 3 EL gehackter Petersilie in einer Schüssel mischen. Großzügig mit Salz und Pfeffer würzen. 50 g Butter in einer großen Pfanne erhitzen und die Filets bei großer Hitze 6–7 Minuten braten, gelegentlich wenden, bis sie goldbraun und gar sind. 500 g gekochten Reis in beliebiger Geschmackrichtung unterrühren, 2 Minuten braten. Sofort servieren.

---

20 Gebratene Hähnchenschenkel 8 Hähnchenschenkel ohne Haut und Knochen aufbrechen, an den Breitseiten entlang halbieren. Die Hähnchenstücke mit der abgeriebenen Schale und dem Saft von 1 Zitrone und 3 EL gehackter Petersilie in eine große Schüssel geben. Mit Salz und Pfeffer würzen und gut vermischen. 50 g Butter in einer Pfanne erhitzen und das Hähnchen unter gelegentlichem Wenden 15 Minuten goldbraun durchbraten. Mit Kartoffelpüree oder Reis servieren.

20 Estragon-Hähnchenburger mit Salsa

Für 4 Personen

450 g Hähnchenbrust
50 g frische weiße Semmelbrösel
6 EL gehackter Estragon
1 EL grober Senf
1 EL Olivenöl
4 Vollkorn-Burgerbrötchen
4 Briescheiben
4 EL würzige Salsa aus dem Glas oder Tetrapack

- Die Hähnchenbrüste in der Küchenmaschine oder dem Mixer zerkleinern. Semmelbrösel, Estragon und Senf zugeben und wieder mixen. Die Mischung zu vier Bällchen formen und mit leicht eingeölten Händen zu 4 Burgern plattdrücken.
- Das Öl in einer großen, schweren (Grill-)Pfanne erhitzen und die Burger bei mittlerer Hitze 8–10 Minuten goldbraun durchbraten, dabei einmal wenden.
- Die Brötchen teilen und die Burger in den Brötchen mit Briescheiben und je einem Löffel voll Salsa servieren.

---

10 Estragon-Hähnchen-Brötchen 3 Hähnchenbrüste (à etwa 125 g) quer in 4 dünne Scheiben schneiden und mit 1 EL Olivenöl und 2 EL gehacktem Estragon in eine Schüssel geben. 1 EL Olivenöl in einer großen, schweren Pfanne erhitzen und die Hähnchenscheiben in einer Schicht bei großer Hitze 5 Minuten goldbraun braten, dabei einmal wenden. In 4 Vollkornbrötchen verteilen und noch wam mit je 1 Scheibe Emmentaler und 1 EL Tomatensalsa nach Belieben servieren.

30 Hähnchenburger mit Mango und Tomatensalsa 400 g Hähnchenbrust in der Küchenmaschine oder dem Mixer glatt pürieren. 50 g frische weiße Semmelbrösel, ½ fein gehackte Chilischote und 3 EL gehackten frischen Koriander zugeben und wieder mixen. Mit leicht geölten Händen aus der Mischung vier Bällchen formen und zu vier Burgern flachdrücken. 1 EL Olivenöl in einer Pfanne erhitzen und die Burger bei mittlerer Hitze 8–10 Minuten goldbraun braten, dabei einmal wenden. Für die Salsa ½ reife Mango fein hacken und in einer Schüssel mit 4 fein gehackten Frühlingszwiebeln, 3 EL gehacktem frischem Koriander und ½ fein gehackten kleinen Chilischote gut vermischen. Mit Pfeffer würzen und über die Burger verteilt in 4 Vollkorn-Burgerbrötchen servieren, etwas Rucola daraufgeben.

10 Hähnchenpfanne mit Linsen

Für 4 Personen

1 EL Olivenöl
2 Hähnchenbrüste (à etwa 150 g), in dünne Scheiben geschnitten
3 Selleriestangen, grob gehackt
4 Tomaten, grob gehackt
250 g gekochte Puy-Linsen
400 g gehackte Tomaten aus der Dose
1 Hühnerbrühwürfel, zerbröselt
2 EL gehackte glatte Petersilie

- Das Öl in einer mittelgroßen schweren Pfanne erhitzen und das Hähnchenfleisch und den Sellerie 5 Minuten darin braten. Die Tomaten zugeben und 1 Minute rühren.
- Linsen, Tomaten und Brühwürfel zusammen mit 150 ml kochendem Wasser zugeben. Aufkochen lassen und 2 Minuten unter gelegentlichem Rühren weiterkochen.
- Die Petersilie unterrühren und in Servierschälchen verteilt mit knusprigem Brot nach Belieben servieren.

20 Hähnchen-Linsen-Pfanne mit Tomaten

1 EL Öl in einem Topf erhitzen und 1 gehackte Zwiebel und 2 in dünne Scheiben geschnittene Hähnchenbrüste (à etwa 150 g) 5 Minuten darin braten. 1 TL geräuchertes Paprikapulver und 6 gehackte Tomaten 1 Minute bei großer Hitze mitbraten. 250 g gekochte Puy-Linsen und 600 ml Hühnerbrühe zugeben. Aufkochen lassen und ohne Deckel 10–12 Minuten kochen, bis die Brühe leicht reduziert ist. In angewärmten Servierschälchen mit knusprigem Brot servieren.

30 Hähnchen-Gemüse-Pfanne mit roten Linsen

1 EL Olivenöl erhitzen und 2 in dünne Scheiben geschnittene Hähnchenbrüste (à 150 g), 1 große, in dünne Ringe geschnittene Zwiebel und 4 Selleriestangen bei mittlerer Hitze 5 Minuten braten. 4 grob gehackte Tomaten, 250 g rote Linsen, 400 g gehackte Tomaten aus der Dose und 600 ml Hühnerbrühe zugeben. Aufkochen lassen, Hitze reduzieren, abdecken und unter gelegentlichem Rühren 20 Minuten köcheln lassen, bis die Linsen weich sind. Mit Salz und Pfeffer würzen und 6 EL gehackte glatte Petersilie unterrühren. Mit warmem Brot servieren.

20 Gebratenes Hähnchen mit Tomaten-Basilikum-Salsa und Ziegenkäse

Für 4 Personen
4 EL Olivenöl
4 Hähnchenbrüste (à etwa 125 g)
2 reife Eiertomaten, fein gehackt
4 EL gehacktes Basilikum
1 kleine rote Zwiebel, fein gehackt
1 EL Balsamico
4 dicke Scheiben Ziegenkäse ohne Rinde
Salz und frisch gemahlener schwarzer Pfeffer

Zum Servieren
Salat
knuspriges Brot

- 2 EL Olivenöl in einer großen, schweren Pfanne erhitzen. Die Hähnchenbrüste quer halbieren, dabei fast ganz durchschneiden, sodass ein „Scharnier" entsteht, und zu einer Schmetterlingsform aufklappen. Mit etwas Salz und Pfeffer würzen. Das Fleisch bei mittlerer Hitze 5 Minuten auf jeder Seite goldbraun durchbraten.
- Währenddessen die Salsa zubereiten. Dafür Eiertomaten, Basilikum und rote Zwiebel, das restliche Öl und den Balsamico mischen. Mit Salz und Pfeffer würzen.
- Je 1 Scheibe Ziegenkäse auf jede Hähnchenbrust legen, die Pfanne mit einem Deckel schließen und weitere 1–2 Minuten bei schwacher Hitze erhitzen, bis der Käse schmilzt. Das Hähnchen auf angewärmten Tellern mit der Salsa, einem Salat und knusprigem Brot nach Belieben servieren.

---

10 Hähnchen-Ziegenkäse-Toastie mit Tomaten 2 Hähnchenbrüste (à etwa 150 g) in dünne Scheiben schneiden. 2 EL Olivenöl in einer großen Pfanne erhitzen und das Fleisch bei großer Hitze 8 Minuten goldbraun braten. Währenddessen 75 g getrocknete Tomaten mit 2 EL gehacktem Basilikum mischen. 4 dicke Vollkornbrotscheiben leicht toasten. Das warme Hähnchenfleisch auf den Toast geben und mit 1 Scheibe Ziegenkäse belegen. Den Käse etwas schmelzen lassen, mit der Tomaten-Mischung belegen.

---

30 Hähnchen-Tomaten-Auflauf mit Ziegenkäse Den Ofen auf 220 °C vorheizen. 2 EL Olivenöl in einer großen, schweren Pfanne erhitzen und 4 Hähnchenbrüste (à etwa 150 g) bei großer Hitze 2 Minuten auf jeder Seite goldbraun braten. In eine kleine Gratinform legen. 4 große Eiertomaten in Scheiben schneiden und zu dem Hähnchenfleisch geben, dann 4 EL gehacktes Basilikum darüberstreuen. 250 g entrindeten Ziegenkäse in Scheiben darauflegen. Großzügig mit Pfeffer würzen, mit 2 EL Olivenöl beträufeln und im Ofen 15–20 Minuten backen, bis der Käse goldbraun und das Hähnchen gar ist. Mit einem Salat und knusprigem Brot servieren.

30 Fajitas

Für 4 Personen

3 EL Olivenöl
1 rote, 1 grüne und 1 orangefarbene Paprika, in Stücke geschnitten
400 g Hähnchenbrüste, gewürfelt
2 rote Zwiebeln, in schmale Spalten geschnitten
1 Zucchini, in Stücke geschnitten
1 EL Cajun-Gewürz
1 EL gehackter Thymian
8 weiche Weizentortilla-Wraps
1 Avocado, geschält, entsteint und grob gehackt
abgerieben Schale und Saft von ½ Zitrone
Salz und frisch gemahlener schwarzer Pfeffer

Zum Servieren
½ Zitrone in Spalten geschnitten
saure Sahne

- Das Öl in einer großen, schweren Pfanne erhitzen und Paprika, Hähnchen und Zwiebeln bei großer Hitze unter stetigem Rühren 10 Minuten braten, bis sie stellenweise goldbraun sind. Zucchini und Cajun-Gewürz zugeben, verrühren und unter Rühren weitere 10 Minuten braten, bis das Hähnchenfleisch gar und das Gemüse weich und stellenweise knusprig ist. Den Thymian unterrühren.
- Die Tortillas im heißen Ofen oder der Mikrowelle erhitzen. Währenddessen für die Guacamole die Avocado in eine Schüssel geben und mit einer Gabel sorgfältig zerdrücken, bis eine weiche, aber strukturierte Masse entstanden ist.Großzügig mit Salz und Pfeffer würzen, Zitronenschale und -saft zugeben und gut verrühren.
- Die warmen Tortillas mit der Hähnchenmischung, der sauren Sahne und der Guacamole füllen, zusammenrollen oder -falten und mit einem Salat nach Belieben servieren.

10 Hähnchen-Tomaten-Fajitas mit Avocado

2 EL Olivenöl in einer Pfanne erhitzen und 400 g gewürfeltes Hähnchenfleisch bei großer Hitze 7 Minuten erhitzen. 2 TL Cajun-Gewürz und 10 halbierte Cherrytomaten zugeben und 2 Minuten unter Rühren weiterbraten, dann von der Platte nehmen und in Scheiben geschnittene Avocado zugeben. In warmen Tortilla-Wraps servieren.

20 Hähnchen-Avocado-Wraps mit Paprika

2 EL Olivenöl in einer großen, schweren Pfanne erhitzen und 400 g gewürfeltes Hähnchenfleisch und 1 große, in Ringe geschnittene rote Zwiebel bei großer Hitze 7–8 Minuten braten, bis sie beginnt, braun zu werden. Je 1 große, in Scheiben geschnittene rote und orangefarbene Paprika zugeben, bei großer Hitze 4 Minuten weiterbraten. 2 EL gehackten Thymian und 2 TL Paprikapuler hinzufügen und 2 Minuten unter Rühren braten. 1 reife Avocado in Scheiben schneiden und mit der Mischung verrühren. 4 Weizentortillas im Ofen oder in der Mikrowelle erwärmen und die Füllung dazwischengeben. Zum Essen zusammenfalten und mit einem Brunnenkressesalat mit Zitronensaftdressing servieren.

30 Mit Sojasauce glasierte Drumsticks

Für 4 Personen

8 Hähnchenunterschenkel (Drumsticks)
2 EL flüssiger Honig
2 EL Olivenöl
2 EL dunkle Sojasauce
1 TL Tomatenpüree
1 EL Dijonsenf
gehackte glatte Petersilie zum Garnieren

- Den Ofen auf 220 °C vorheizen. Die Drumsticks auf die Arbeitsfläche legen und in jeden vier tiefe Schnitte entlang der dicken Seite machen, dabei die Knochen an beiden Seiten zurückschneiden
- In einer großen Schüssel Honig, Öl, Sojasauce, Tomatenpüree und Senf vermischen. Die Drumsticks in der Glasur wenden, um sie gut damit zu benetzen.
- Die Drumsticks in eine Fettpfanne legen und auf der oberen Einschubleiste 20–25 Minuten braten, bis sie gar sind. Mit Petersilie garnieren und mit gekochtem Reis und einem Salat nach Belieben servieren.

---

10 Hähnchen-Gemüse-Pfanne mit Sojasauce 2 EL Sonnenblumenöl in einem großen Wok oder einer Pfanne erhitzen. 250 g in dünne Scheiben geschnittene Hähnchenbrust bei großer Hitze 2 Minuten darin braten. 200 g Zuckererbsen, 200 g Bohnen und 1 Pak Choi, klein geschnitten, zugeben. Bei großer Hitze unter stetigem Rühren weitere 5 Minuten braten. 2 EL dunkle Sojasauce und 2 EL flüssigen Honig mischen, in die Pfanne geben und unter Schwenken 1 weitere Minute vor dem Servieren braten.

---

20 Chili-Hähnchenbrüste mit Sojasauce Honig, Öl, Sojasauce, Tomatenpüree und Senf wie oben angegeben für die Glasur vermischen und 1 fein gehackte kleine rote Chilischote zugeben. 4 Hähnchenbrüste (à etwa 125 g) darin wenden. 1 EL Olivenöl in einer Pfanne erhitzen und das Hähnchenfleisch bei mittlerer Hitze 15 Minuten darin braten, dabei regelmäßig wenden und die Hitze etwas reduzieren, wenn die Glasur beginnt, am Pfannenboden anzusetzen. Das Fleisch in Scheiben schneiden, auf Teller gefächert mit gekochtem Reis und Salat servieren.

20 Mango-Kokos-Curry mit Koriander

Für 4 Personen

1 EL Pflanzenöl
1 große Zwiebel, gehackt
500 g gewürfeltes Hähnchenfleisch
1 große reife Mango, geschält, entsteint und in Stücke geschnitten
1 TL gemahlener Koriander
1 TL gemahlener Kreuzkümmel
2 EL Korma-Currypaste
400 ml Kokosmilch
300 ml kräftige Hühnerbrühe
6 EL gehackter frischer Koriander
1 EL Maismehl

- Das Öl in einer großen, schweren Pfanne oder einem Wok erhitzen und Zwiebel und Hähnchenfleisch bei großer Hitze 5 Minuten goldbraun braten, bis es beginnt, weich zu werden.
- Gehackte Mango, Gewürze und Currypaste zugeben und einige Sekunden rühren, dann die Kokosmilch und die Brühe hinzufügen. Aufkochen lassen, Hitze reduzieren und ohne Deckel unter gelegentlichem Rühren 10–12 Minuten köcheln lassen, dann den frischen Koriander zufügen.
- Das Maismehl mit 2 EL Wasser verrühren, in das heiße Curry geben und gründlich verrühren, damit es andickt. Mit Reis und Pappadams servieren.

10 **Mango-Hähnchen-Curry** 1 EL Öl in einer großen, schweren Pfanne erhitzen und 400 g gewürfeltes Hähnchenfleisch 2 Minuten braten. 2 EL Currypaste, 300 ml Mangopüree 400 ml Kokosmilch aus der Dose dazugeben. Aufkochen lassen, Hitze reduzieren und 7 Minuten köcheln lassen. 250 g TK-Erbsen in den letzten 3 Minuten zugeben. Mit getoastetem Naan servieren.

30 **Karibisches Hähnchencurry mit Mango und Bananen** 2 EL Öl in einer großen, schweren Pfanne oder einem Wok erhitzen und 500 g gewürfeltes Hähnchenfleisch mit 1 großen, gehackten Zwiebel 5 Minuten braten. 1 große Mango entsteinen, das Fleisch hacken und mit 250 g gehackten oder in Scheiben geschnittenen Kochbananen in die Pfanne geben. 1 TL gemahlenen Koriander, 1 TL gemahlenen Kreuzkümmel und 3 EL Currypaste zugeben und unter Rühren 1 Minute braten. 800 ml Kokosmilch aus der Dose zugeben. Aufkochen lassen, Hitze reduzieren, abdecken und 20 Minuten köcheln lassen. 5 EL gehackten frischen Koriander hinzufügen und gut unterrühren. Zu mit Kidneybohnen gemischtem Reis servieren.

30 Hähnchenchili mit Kartoffelwedges und Guacamole

Für 4 Personen

850 g Kartoffelwedges
3 EL Öl
500 g Hähnchenhack
1 EL mildes Chilipulver
2 TL gemahlener Kreuzkümmel
2 TL gemahlener Koriander
400 g gehackte Tomaten aus der Dose
150 ml kräftige Hühnerbrühe
400 g rote Kidneybohnen aus der Dose, abgegossen
1 EL gehackter frischer Koriander

Für die Guacamole

1 reife Avocado
1 EL Zitronensaft
1 Prise Chilipulver

- Den Ofen auf 220 °C vorheizen. Die Kartoffelwedges in 2 EL des Öls wenden, in einer Schicht auf einem Backblech verteilen und im Ofen 20–25 Minuten leicht goldbraun backen.
- Währenddessen das restliche Öl in einer Pfanne erhitzen und das Hähnchenhack bei großer Hitze unter gelegentlichem Rühren 10 Minuten braten, bis das Fleisch stellenweise goldbraun ist. Chili, Kreuzkümmel und Koriander zugeben und 2 Minuten mitbraten. Tomaten und Hühnerbrühe zugeben und aufkochen lassen. Die Hitze reduzieren, 10 Minuten köcheln lassen und die Kidneybohnen hinzufügen. Weitere 5 Minuten braten.
- Währenddessen die Avocado in einer Schüssel mit dem Zitronensaft zerdrücken und das Chilipulver unterrühren. Das Hack mit den Kartoffelwedges auf angewärmte Teller geben, die stückige Guacamole und den gehacktem Koriander daraufverteilen und servieren.

---

10 Hähnchen-Bohnen-Chili mit Guacamole 3 gekochte Hähnchenbrüste (à etwa 125 g) würfeln und mit 400 ml Chilisauce aus dem Glas, 300 g rote Paprika aus dem Glas, abgegossen und gehackt, und 400 g Kidneybohnen aus der Dose, abgegossen, vermischen. Aufkochen lassen, Hitze reduzieren und 7–8 Minuten köcheln lassen. Mit Guacamole, aus dem Glas oder selbst gemacht, und knusprigem Brot servieren.

---

20 Hähnchenchili mit Paprika 2 EL Öl in einer großen, schweren Pfanne erhitzen und 1 große gehackte Zwiebel, je 1 gehackte rote und orangefarbene Paprika und 500 g Hähnchenhack bei großer Hitze 10 Minuten goldbraun braten. 1 EL mildes Chilipulver und 400 g Chilisauce aus dem Glas zugeben. Aufkochen lassen und umrühren, dann die Hitze reduzieren und 5 Minuten köcheln lassen. Mit gehacktem frischem Koriander garnieren und mit Reis oder Naan servieren.

QuickChicken

Kochen für Gäste

Rezepte nach Zubereitungszeit

30

20

30 Hähnchen-Parmigiana

Für 4 Personen

2 Hähnchenbrüste (à etwa 175 g), längs halbiert
2 Eier, verquirlt
75 g Semmelbrösel
75 g geriebener Parmesan
1 EL Olivenöl
2 Knoblauchzehen, zerdrückt
350 ml Passata aus dem Glas
1 TL Zucker
1 TL getrockneter Oregano
150 g Mozzarella, abgetropft

- Den Grill vorheizen. Die Hähnchenbrüste zwischen zwei Stück Frischhaltefolie legen und mit einem Nudelholz etwa 1 cm dick flach klopfen. Das Fleisch zuerst in dem Ei, dann in den mit der Hälfte des Parmesans gemischten Semmelbröseln wenden. Auf einem Teller im Kühlschrank beiseitestellen.
- Währenddessen das Öl in einer großen, schweren Pfanne erhitzen und den Knoblauch einige Sekunden braten. Die Passata, den Zucker und den Oregano zugeben. 5–8 Minuten köcheln lassen, bis die Passata sämig und angedickt ist.
- Das Hähnchenbrüste unter dem Grill 5 Minuten auf jeder Seite braten, bis sie hellbraun sind. Die Tomatensauce in eine flache ofenfeste Form geben und mit dem Hähnchenfleisch bedecken. Den Mozzarella und den restlichen Parmesan darüberstreuen und 3–4 Minuten grillen, bis der Käse geschmolzen ist und die Sauce blubbert. Mit Salat oder Gemüse nach Belieben servieren.

---

10 Tomaten-Hähnchen-Pfanne mit Knoblauch 2 EL Olivenöl in einer Pfanne erhitzen und 250 g gewürfeltes Hähnchenfleisch bei großer Hitze 3 Minuten braten. 250 g Cherrytomaten zugeben und unter Rühren weitere 5 Minuten garen. 1 TL gehackten Knoblauch, 100 g entsteinte schwarze Oliven und 150 ml Passata zugeben und bei großer Hitze 1 Minute köcheln lassen. In angewärmten Schälchen mit viel geriebenem Parmesan und knusprigem Brot servieren.

20 Hähnchen-Pasta-Gratin 250 g Pasta in einem großen Topf in leicht gesalzenem kochendem Wasser 8–10 Minuten weich kochen. Den Ofengrill vorheizen. Währenddessen 3 EL Olivenöl in einer großen, schweren Pfanne erhitzen und 2 in dünne Scheiben geschnittene Hähnchenbrüste (à etwa 150 g) bei großer Hitze 5 Minuten goldbraun garen. 1 zerdrückte Knoblauchzehe, 700 ml Passata aus dem Glas und 1 TL getrockneten Oregano zugeben und aufkochen lassen. Die Pasta abgießen und mit dem Hähnchenfleisch und der Tomatensauce verrühren. In eine flache ofenfeste Form geben und 75 g frische Semmelbrösel mit 75 g geriebenem Parmesan gemischt darüberstreuen. 3–4 Minuten grillen, bis der Käse goldbraun ist und die Sauce blubbert.

30 Hähnchenschenkel mit Oliven und grünen Bohnen auf griechische Art

Für 4 Personen

2 EL Olivenöl
4 Hähnchenschenkel
1 große rote Zwiebel, in Ringe geschnitten
250 g Cherrytomaten, halbiert
400 g gehackte Tomaten mit Knoblauch und Kräutern aus der Dose
4 EL Tomatenmark
125 g Kalamata-Oliven, abgegossen
150 ml Rotwein
200 g geputzte grüne Bohnen
50 g zerkrümelter Feta zum Servieren

- Das Öl in einer großen, schweren Pfanne erhitzen und die Hähnchenschenkel und die Zwiebel bei großer Hitze 5 Minuten braten, dabei einmal wenden, bis beides goldbraun ist.
- Die Cherrytomaten zugeben und 2 Minuten unter Rühren braten, dann die gehackten Tomaten und das Tomatenmark zugeben und aufkochen lassen. Hitze reduzieren, mit einem Deckel schließen und 15 Minuten köcheln lassen. Den Wein und die Bohnen zugeben und wieder rühren. Den Deckel wieder abnehmen und weitere 5 Minuten garen, bis die Bohnen weich sind und das Hähnchenfleisch gar ist.
- In angewärmte Schälchen verteilen und mit dem Feta bestreuen. Nach Belieben mit warmem, knusprigem Graubrot servieren.

10 Griechischer Salat mit Kräuterdressing

½ Gurke in Stücke schneiden und mit 250 g in Scheiben geschnittenem gekochtem Hähnchenfleisch, 250 g halbierten Cherrytomaten und 125 g Kalamata-Oliven in einer Schüssel vermischen. Aus 4 EL Olivenöl, 2 EL Rotweinessig, 1 TL Dijonsenf und ½ TL getrockneten gemischten Kräutern ein Dressing mixen. Über den Salat geben und gut vermischen.

20 Hähnchenpizza auf griechische Art

Den Ofen auf 220 °C vorheizen. Einen Pizzaboden aus dem Kühlregal (23 cm Ø) auf ein Backblech legen und mit 3 EL Tomatenmark bestreichen. 125 g in Scheiben geschnittenes gekochtes Hähnchenfleisch, 125 g halbierte Cherrytomaten und 125 g gemischte Oliven daraufverteilen. 125 g geriebenen Mozzarella und 50 g fein zerkrümelten Feta darüberstreuen. Im Ofen 10–12 Minuten goldbraun backen. Mit Olivenöl besprenkelt servieren.

20 Hähnchen-Gemüse-Reis mit Ingwer

Für 4 Personen
250 g Reis
2 EL Olivenöl
300 g gewürfeltes Hähnchenfleisch
1 EL Ingwerpaste
1 Zwiebel, in dünne Ringe geschnitten
4 EL Sonnenblumenkerne
3 EL Kürbiskerne
1 EL schwarze Senfsamen
1 große Zucchini, gerieben
1 große Karotte, gerieben
200 g feine Erbsen

- Den Reis in einem großen Topf in leicht gesalzenem kochendem Wasser 15 Minuten weich kochen.
- Währenddessen 1 EL des Öls mit dem Hähnchenfleisch und der Ingwerpaste in eine große Rührschüssel geben und gut vermischen, um das Hähnchen damit zum benetzen. Hähnchen und Zwiebel in eine große, schwere Pfanne geben und unter gelegentlichem Rühren 10 Minuten stellenweise goldbraun braten und durchgaren.
- Währenddessen in einer zweiten Pfanne das restliche Öl erhitzen und die Samen und Kerne 1 Minute leicht bräunen. Zucchini und Karotte zugeben und 3 Minuten unter Rühren weich braten, dann die feinen Erbsen zugeben und weitere 2–3 Minuten unter Rühren braten, bis alles sehr heiß ist.
- Den Reis abgießen und in die Pfanne zu dem Hähnchenfleisch geben. Gut verrühren, dann Samen und Kerne, Zucchini, Karotte und feine Erbsen zugeben und wieder verrühren. Heiß in angewärmten Schälchen servieren.

---

10 Hähnchen-Couscous

100 g Couscous, z. B. mit Zitrone-Koriander-Geschmack, nach Packungsangabe zubereiten und beiseitestellen. Währenddessen eine Pfanne erhitzen und 400 g gewürfeltes Hähnchenfleisch mit 1 EL Ingwerpaste und 1 EL Olivenöl erhitzen. Unter gelegentlichem Rühren 8 Minuten goldbraun braten und durchgaren. Das Fleisch mit dem Couscous mischen, 4 EL gehackten frischen Koriander unterrühren und sofort servieren.

30 Hähnchen-Pilaw mit Ingwer und Gemüse

Den Ofen auf 220 °C vorheizen. 2 große Zucchini und 2 große Karotten grob hacken und 2 rote Zwiebeln in dünne Spalten schneiden. In eine Pfanne mit 4 EL Olivenöl geben und mit dem Öl vermischen. Im Ofen 20 Minuten backen, bis alles weich und stellenweise leicht verbrannt ist. Währenddessen einen großen Topf mit leicht gesalzenem Wasser zum Kochen bringen und 250 g Reis 15 Minuten darin weich kochen, dann abgießen. 400 g gewürfeltes Hähnchenfleisch mit 1 EL Olivenöl und 1 EL Ingwerpaste in einer vorgeheizten Pfanne 10 Minuten braten, bis es goldbraun und gar ist. Den Reis, das Röstgemüse und das Hähnchenfleisch miteinander verrühren und mit 4 EL gehacktem frischem Koriander vor dem Servieren vermischen.

20 Gazpacho-Grillhähnchen-Salat

Für 4 Personen

6 EL Olivenöl
4 EL fein gehacktes Basilikum
3 Hähnchenbrüste (à etwa 150 g)
400 g eingelegte Kirschpaprika aus dem Glas, abgegossen
1 Bund Frühlingszwiebeln, grob gehackt
½ Salatgurke, grob gehackt
250 g Cherrytomaten, halbiert
4 EL gehackte glatte Petersilie

- Den Grill auf starke Hitze vorheizen. 2 EL des Öls mit 3 EL des Basilikums in eine flache Schüssel geben. Die Mischung auf die Hähnchenbrüste pinseln. Auf den mit Alufolie ausgelegten Grillrost legen und 5–6 Minuten auf jeder Seite goldbraun grillen, bis das Fleisch gar ist.
- Währenddessen die Kirschpaprika mit Frühlingszwiebeln, Gurke, Cherrytomaten und Petersilie in eine große Salatschüssel geben und vermischen. Das restliche Öl und das Basilikum zugeben und mischen.
- Das Hähnchenfleisch in Scheiben schneiden und unter den Salat heben. Mit warmem knusprigem Brot nach Belieben servieren.

10 Gazpacho mit Hähnchensalsa 4 geviertelte Tomaten mit 3 eingelegten Kirschpaprika, abgegossen, 4 gehackten Frühlingszwiebeln und ¼ grob gehackter Gurke in die Küchenmaschine oder den Mixer geben und glatt pürieren. 400 g gehackte Tomaten aus der Dose zugeben und wieder pürieren. Währenddessen 1 gekochte Hähnchenbrust (etwa 125 g) kleinschneiden und mit 1 EL gehackter Petersilie mischen. Die kalte Suppe in vier Servierschälchen füllen und auf jede Portion etwas Hähnchensalsa geben.

30 Gazpacho-Hähnchen-Auflauf mit Salsa Den Ofen auf 220 °C vorheizen. 4 Hähnchenbrüste (à etwa 125 g) mit 2 EL Olivenöl, 2 EL gehacktem Basilikum und reichlich Pfeffer mischen. In eine große ofenfeste Form geben, 400 g halbierte Cherrytomaten zugeben und mit 2 EL Olivenöl beträufeln. Mit ½ TL Salzflocken und Pfeffer würzen. Mit 125 g frischen weißen Semmelbröseln, gemischt mit 4 EL gehackter Petersilie und 4 EL geriebenem Parmesan bestreuen. Im Ofen 20 Minuten backen, bis das Hähnchenfleisch goldbraun ist und die Cherrytomaten weich sind. Währenddessen aus ¼ fein gehackten Gurke, 1 kleinen fein gehackten roten Chili, 4 fein gehackten Kirschpaprika und 3 EL gehackter Petersilie eine Salsa mischen. Auf den heißen Auflauf geben und servieren.

10 Warme Hähnchenleberpastete

Für 4 Personen
25 g Butter
400 g Hähnchenleber
1 Zwiebel, grob gehackt
1 EL Sherry
1 EL frischer Thymian (nach Belieben)
frisch gemahlener schwarzer Pfeffer

- Die Butter in einer großen, schweren Pfanne erhitzen und die Hähnchenleber und Zwiebel bei großer Hitze 7–8 Minuten braten, bis sie weich und goldbraun sind. Sherry zugeben und durch Schwenken der Pfanne vermischen.
- Hähnchen und Zwiebel in die Küchenmaschine oder den Mixer geben und glatt und cremig mixen. Großzügig mit Pfeffer würzen und denThymian nach Belieben unterrühren.
- Auf Tellern nach Wunsch mit warmem Toast, Salat und Zwiebelchutney aus dem Glas servieren.

---

20 Hähnchenlebersalat mit Walnüssen 2 EL Olivenöl in einer Pfanne erhitzen und 1 in Ringe geschnittene rote Zwiebel mit 400 g Hähnchenleber 8–10 Minuten braten, bis sie goldbraun und weich sind. 125 g Walnüsse in Stücken zugeben und nochmals 2 Minuten braten. 150 g Salatblätter mit 125 g halbierten Cherrytomaten in eine Salatschüssel geben. Die warme Hähnchenleber, Zwiebel und Walnüsse zugeben. 3 EL Olivenöl und 2 EL Balsamico in einem Becher gut verquirlen. Über den Salat geben und vermischen, sofort servieren.

---

30 Warme Hähnchenleberterrine mit Pistazien 500 g Hähnchenleber, 6 Scheiben geräucherter und gehackter Rückenspeck und 1 gehackte Zwiebel in eine große, schwere Pfanne geben und bei großer Hitze 8–10 Minuten braten, bis sie goldbraun und weich sind. 2 EL Brandy unterrühren und von der Platte nehmen. In eine Rührschüssel geben, 125 g grob gehackte Pistazien zugeben und gut vermischen. Eine 500-g-Brotbackform mit Frischhaltefolie auslegen, die warme Mischung darin verteilen und gut andrücken. Die warme Terrine auf eine Servierplatte stürzen und mit Thymian garnieren. In Scheiben mit warmen getoasteten Brötchen und einem Salat servieren.

20 Sesam-Thymian-Spieße mit würzigem Kichererbsenpüree

Für 4 Personen

3 Hähnchenbrüste (à etwa 150 g), klein gewürfelt
3 EL Sesamöl
1 EL frischer Thymian
2 EL Sesamsamen
2 EL Olivenöl
1 Zwiebel, gehackt
1 kleine rote Chilischote, gehackt
2 Thymianzweige zzgl. einige zum Garnieren nach Belieben
800 g Kichererbsen aus der Dose, abgegossen
6 EL heiße Hühnerbrühe
Salz und frisch gemahlener schwarzer Pfeffer

- Den Grill vorheizen. Die Hähnchenstücke mit Sesamöl,Thymian und Sesamsamen in einer Schüssel mischen. Gleichmäßig auf acht Spieße verteilen und auf einen mit Alufolie ausgelegten Grillrost legen. Unter gelegentlichem Wenden 10 Minuten grillen, bis sie goldbraun und gar sind.
- Währenddessen das Öl in einer Pfanne erhitzen und Zwiebel, Chili und Thymianzweige bei mittlerer Hitze 3–4 Minuten braten, bis die Zwiebel weich ist und goldbraun wird. Die Kichererbsen hinzufügen. Unter Rühren 1 Minute braten, dann die Brühe zugeben, die Pfanne mit einem Deckel schließen, aufkochen lassen und 3 Minuten kochen, bis alles sehr heiß ist. Kräftig mit Salz und Pfeffer würzen. In eine Küchenmaschine oder einen Mixer geben und mixen, bis alles fast glatt ist, aber noch etwas Struktur hat.
- Das Kichererbsenpüree auf Teller verteilen und jeweils einen Hähnchenspieß darauflegen. Mit Thymianzweigen garnieren.

10 Thymian-Sesam-Pfanne mit Kichererbsen

1 EL Sesamöl in einer Pfanne erhitzen und 400 g gewürfeltes Hähnchenfleisch 3–4 Minuten bei großer Hitze darin braten. ½ TL getrockneten Thymian und 2 EL Sesamsamen zugeben und unter Rühren 2 Minuten weiterbraten. 1 n Scheiben geschnittene rote Chilischote und 800 g Kichererbsen aus der Dose, abgegossen, unterrühren. Unter Rühren weitere 2 Minuten braten, bis alles sehr heiß ist. Mit 4 EL gehacktem frischem Koriander bestreut servieren.

30 Minzjoghurt-Hähnchen-Spieße mit warmem Kichererbsensalat

Den Ofengrill vorheizen. 4 Hähnchenbrüste in Stücke schneiden und mit einer Mischung aus 2 TL gemahlenem Koriander, 1 TL gemahlenem Kreuzkümmel, 150 g Naturjoghurt, dem Saft von ½ Zitrone, 1 EL Olivenöl, 1 zerdrückten Knoblauchzehe und 2 EL gehackten Minze in eine Schüssel geben. Gut verrühren. Das Hähnchenfleisch auf acht Bambus- oder Metallspieße spießen. Auf einen mit Alufolie ausgelegten Grillrost legen und unter regelmäßigem Wenden 15 Minuten grillen. Währenddessen 1 Zwiebel in dünne Ringe schneiden. 2 EL Olivenöl erhitzen und die Zwiebel bei mittlerer Hitze mit 1 TL Kreuzkümmelsamen 3–4 Minuten braten, bis sie weich wird. 1 kleine gehackte rote Chilischote zugeben und 1 weitere Minute weiterbraten, dann 800 g Kichererbsen aus der Dose, abgegossen, zugeben. 6 EL Hühnerbrühe oder Wasser hinzufügen, mit einem Deckel schließen und 2–3 Minuten köcheln lassen, bis alles sehr heiß ist. Mit 5 EL gehacktem frischem Koriander bestreuen und auf warmen Tellern mit den Spießen servieren.

30 Hähnchen-Spinat-Tartes mit Ziegenkäse und Zwiebelchutney

Für 4 Personen

400 g Blätterteig aus dem Kühlregal (gerollt), in vier gleichgroße Rechtecke geschnitten
2 EL Olivenöl
250 g Hähnchenfleisch, gewürfelt
200 g Spinat
½ TL gemahlene Muskatnuss
1 TL Senfsamen
8 EL rotes oder weißes Zwiebelchutney aus dem Glas
8 dicke Scheiben Ziegenkäse, entrindet
Salz und frisch gemahlener schwarzer Pfeffer

- Den Ofen auf 220 °C vorheizen. Die vier Blätterteigblätter auf eine großes Backblech legen und gleichmäßig mit einer Gabel einstechen.
- Das Öl in einer großen, schweren Pfanne erhitzen und das Hähnchenfleisch bei großer Hitze 3 Minuten braten. Den Spinat zugeben, verrühren und 1 Minute mitkochen, bis er zusammengefallen ist. Von der Platte nehmen, Muskatnuss und Senfsamen zugeben und mit etwas Salz und Pfeffer würzen, gut vermischen.
- Die Mischung falls nötig abtropfen lassen, dann auf den vier Blätterteigstücken verteilen, dabei einen Rand von 1 cm freilassen. Auf jedes Stück 2 EL des Zwiebelchutney geben und den Ziegenkäse darauflegen. Etwa 20 Minuten backen, bis der Teig aufgegangen und goldbraun ist. Mit einem einfachen Salat servieren.

---

10 Schnelle Hähnchen-Spinat-Tartes 1 EL Olivenöl und 15 g Butter in einer großen, schweren Pfanne erhitzen und 250 g gewürfeltes Hähnchenfleisch 5 Minuten braten. 100 g Spinat zugeben und 2 Minuten rühren und schwenken. ½ TL gemahlene Muskatnuss unterrühren. 50 g entrindeten Ziegenkäse klein würfeln und unter die Hähnchen-Spinat-Mischung rühren. Die Mischung in vier Pasteten vom Bäcker oder aus dem Supermarkt verteilen und mit Salat servieren.

---

20 Hähnchen-Spinat-Pizza mit Ziegenkäse Den Ofengrill vorheizen. Einen Pizzaboden aus dem Kühlregal (23 cm Ø) auf ein Backblech legen und 2 Minuten unter dem Grill erwärmen. Währenddessen 2 EL Olivenöl in einer großen, schweren Pfanne erhitzen und 175 g gewürfeltes Hähnchenfleisch bei großer Hitze 3 Minuten braten. 200 g Spinat und ½ TL geriebene Muskatnuss zugeben, vermischen und 1 Minute braten, bis der Spinat zusammengefallen ist. Auf dem Pizzaboden verteilen, zuerst 8 TL Zwiebelchutney, dann 6 Scheiben entrindeten Ziegenkäse daraufgeben. Wieder unter den Grill schieben und 5–6 Minuten grillen, bis der Belag geschmolzen und goldbraun ist.

20 Hähnchen-Fenchel-Risotto mit Wermut

Für 4 Personen
3 EL Olivenöl
50 g Butter
1 Zwiebel, in dünne Ringe geschnitten
1 Fenchelknolle, geputzt und in dünne Scheiben geschnitten
1 Hähnchenbrust (etwa 150 g), in feine Streifen geschnitten
1 TL Fenchelsamen, grob zerdrückt
200 g Schnellkoch-Risottoreis
3 EL Wermut
600 ml kräftige Hühnerbrühe
geriebener Parmesan zum Servieren
Rucola zum Garnieren

- Öl und Butter in einer großen, schweren Pfanne erhitzen und Zwiebel und Fenchel unter gelegentlichem Rühren bei mittlerer Hitze 5 Minuten braten, bis er weich und stellenweise goldbraun ist. Hähnchenfleisch und Fenchelsamen zugeben und unter Rühren weitere 2 Minuten braten.
- Den Reis und den Wermut in die Pfanne geben. Die Hitze für wenige Sekunden erhöhen, um einen Teil des Alkohols zu verdampfen, dabei stetig rühren, dann die Hälfte der Hühnerbrühe zugeben. Unter gelegentlichem Rühren bei mittlerer Hitze kochen, bis fast die ganze Brühe verkocht ist, dann die restliche Brühe zugeben und 10–15 Minuten weiterkochen. Die Hitze reduzieren und den Reis köcheln lassen, bis er weich ist, aber noch etwas Biss hat.
- In angewärmten Schälchen mit reichlich geriebenem Parmesan, einer kleinen Handvoll Rucola und warmem knusprigem Brot nach Belieben servieren.

10 **Fenchel-Hähnchen-Pilaw** 2 EL Olivenöl in einer großen, schweren Pfanne erhitzen und 1 grob gehackte geputzte Fenchelknolle mit 250 g gewürfeltem Hähnchenfleisch bei großer Hitze 5 Minuten braten, bis es weich und goldbraun ist. 1 grob gehacktes Bund Frühlingszwiebeln und ½ TL Fenchelsamen zugeben und 1 weitere Minute braten. 250 g Express-Reis zugeben und unter Rühren 2 Minuten weiterbraten. Mit Rucolasalat servieren.

30 **Hähnchen-Fenchel-Risotto mit Speck und Kürbis** Den Ofen auf 220 °C vorheizen. 500 g Butternut-Kürbis grob hacken, in 2 EL Olivenöl wenden und im Ofen 20 Minuten rösten, bis er weich und stellenweise knusprig ist. Währenddessen das Risotto wie oben beschrieben zubereiten, dabei 4 fein gehackte Scheiben durchwachsenen Speck zum Fleisch geben und ebensolange kochen. Wenn das Risotto gar ist, den Kürbis unterheben, mit Rucola servieren.

10 Panzanella mit Hähnchen

Für 4 Personen

½ Ciabatta, in Stücke zerzupft
4 EL Olivenöl
½ Gurke, grob gehackt
2 große Tomaten, grob gehackt
2 gekochte Hähnchenbrüste (à etwa 125 g), in Stücke zerzupft
1 kleine rote Zwiebel, grob gehackt
8 EL French Dressing aus dem Glas
2 EL gehacktes Basilikum
Salz und frisch gemahlener schwarzer Pfeffer

- Den Grill vorheizen. Die Ciabattastücke in eine Pfanne geben und mit dem Olivenöl beträufeln. 2–3 Minuten grillen, bis sie goldbraun und warm sind.
- Währenddessen Gurke, Tomaten, Hähnchenfleisch, Zwiebel und das Dressing in eine große Rührschüssel geben. Das gehackte Basilikum zugeben und gut vermischen. Mit Salz und Pfeffer würzen.
- Die warmen Ciabattastücke zugeben und gut vermischen. Mit weiterem French Dressing nach Belieben servieren.

20 Hähnchen-Tomaten-Zucchini-Bruschetta

2 EL Olivenöl in einer großen Pfanne erhitzen und 2 in dünne Scheiben geschnittene Hähnchenbrüste (à etwa 150 g) bei großer Hitze 5 Minuten braten. 1 fein gehackte Zucchini zugeben, weitere 5 Minuten braten, 2 grob gehackte Tomaten und 1 EL gehackten Rosmarin hinzufügen. Bei großer Hitze 2–3 Minuten garen, bis die Tomaten weich sind, aber noch ihre Form bewahren. Währenddessen ¼ Ciabatta diagonal in möglichst breite Scheiben schneiden und jede mit etwas Olivenöl bepinseln. Eine Grillpfanne erhitzen und die Brotscheiben 30 Sekunden auf jeder Seite leicht toasten. Auf angewärmte Teller verteilen und das warme Fleisch daraufgeben.

30 Zucchini-Tomaten-Auflauf mit Hähnchen

Den Ofen auf 220 °C vorheizen. 4 EL Olivenöl in einer großen Pfanne erhitzen und 400 g gewürfeltes Hähnchenfleisch bei großer Hitze 5 Minuten braten. 1 große grob gehackte Zucchini und 1 grob gehackte rote Zwiebel zugeben und weitere 5 Minuten braten. 500 ml Tomatensauce mit Kräutern aus dem Glas oder Tetrapack hinzufügen und 1–2 Minuten erhitzen, bis sie heiß ist. In eine große, flache ofenfeste Gratinform geben und ¼ grob zerzupftes Ciabatta darüberverteilen. Mit 1 EL Olivenöl beträufeln. Im Ofen 15 Minuten backen, bis die Oberfläche goldbraun ist und die Sauce blubbert. Mit einem Salat oder Blattgemüse servieren.

30 Zitronen-Knoblauch-Hähnchenbrust mit Rosmarinsauce

Für 4 Personen

4 Hähnchenbrüste (à etwa 150 g, mit Haut)
1 Zitrone, in Scheiben geschnitten
4 Rosmarinzweige
8 Knoblauchzehen, geschält
2 EL Olivenöl
Salz und frisch gemahlener schwarzer Pfeffer
grüne Bohnen und gekochte Kartoffeln zum Servieren

Für die Sauce

1 EL Olivenöl
1 EL gehackter Rosmarin
300 ml Hühnerbrühe
6 EL Weißwein
2 TL Maismehl

- Den Ofen auf 220 °C vorheizen. In die Seite jeder Hähnchenbrust einen großen Schlitz schneiden und je 2 Zitronenscheiben, 1 Rosmarinzweig und 1 halbierte Knoblauchzehe hineingeben. Jedes Hähnchenstück mit Küchengarn in der Mitte zusammenbinden, dann das Hähnchen in eine Pfanne legen, mit Olivenöl beträufeln und großzügig mit Salz und Pfeffer würzen. Im Ofen 20–25 Minuten goldbraun backen, bis es gar ist.
- Währenddessen die Sauce zubereiten. Dafür das Öl in einem kleinen Topf erhitzen und Rosmarin 1 Minute bei mittlerer Hitze braten. Die Brühe und den Wein zugeben und aufkochen lassen. Weitere 5 Minuten kochen, damit die Aromen aufgenommen werden, dann die Hitze etwas reduzieren. Das Maismehl mit 2 EL Wasser verrühren und zu der Sauce unter stetigem Rühren hinzufügen, damit sie andickt. Über die gerösteten Hähnchenstücke geben und mit grünen Bohnen und gekochten Kartoffeln servieren.

10 Fusilli mit Rosmarin, Zitrone und Knoblauchhähnchen 250 g Fusilli in einem großen Topf mit leicht gesalzenem kochendem Wasser 8–10 Minuten weich kochen. Währenddessen 6 EL Knoblauch-Olivenöl in einer Pfanne erhitzen und 250 g gewürfeltes Hähnchenfleisch 5 Minuten bei großer Hitze braten. 2 EL gehackten Rosmarin zugeben und 2 Minuten kochen. Die Pasta gut abtropfen lassen und in die Pfanne zu Hähnchen und Rosmarin geben. Abgeriebene Schale und Saft von 1 unbehandelten Zitrone zugeben. Vermischen und heiß servieren.

20 Hähnchen-Rosmarin-Risotto mit Zitrone
2 EL Olivenöl in einer großen, schweren Pfanne erhitzen und 250 g gewürfeltes Hähnchenfleisch mit 1 gehackten Knoblauchzehe und 1 EL gehacktem Rosmarin 5 Minuten bei großer Hitze braten. 200 g Schnellkochreis mit der abgeriebenen Schale und dem Saft von 1 unbehandelten Zitrone und 600 ml Hühnerbrühe zugeben. Aufkochen lassen, zugedeckt unter Rühren 12–15 Minuten kochen, bis der Reis weich ist. In angewärmte Schälchen füllen und mit Rucolasalat servieren.

30 Hähnchen-Calzone mit Tomaten und Salami

Für 4 Personen

200 g Pizzateig-Fertigmischung
125 g geräuchertes Hähnchenfleisch, gehackt
125 g Cherrytomaten, geviertelt
75 g Salami, grob gehackt
1 EL gehackte glatte Petersilie
4 EL Passata
grüner Salat zum Servieren

- Den Ofen auf 220 °C vorheizen. Den Pizzateig nach Packungsangabe zubereiten. Den Teig auf eine leicht bemehlte Arbeitsfläche legen und 1–2 Minuten weich kneten. In vier Stücke teilen und jedes zu einer weichen Kugel formen. Jede Kugel zu einem Kreis mit etwa 15 cm Durchmesser ausrollen.
- Hähnchen-Gehacktes, Cherrytomaten, Salami, Petersilie und Passata mischen und die Füllung gleichmäßig in der Mitte der vier Teigkreise verteilen. Die Ränder jedes Teigkreises mit etwas Wasser bestreichen und dann die eine auf die andere Hälfte klappen. Die Ränder zusammendrücken. Auf ein Backblech legen und 15 Minuten leicht goldbraun backen. Mit einem grünen Salat nach Belieben servieren.

---

10 Räucherhähnchen-Salami-Wraps 4 Tortillawraps auf die Arbeitsfläche legen und jeden mit 1 EL Tomatenmark aus getrockneten Tomaten bestreichen. 50 g in dünne Scheiben geschnittene Salami daraufverteilen und jeden Wrap mit 25 g geräuchertem Hähnchenfleisch belegen. 75 g Rucola mit 1 EL Olivenöl, 1 EL Balsamico und 6 geviertelten Cherrytomaten in eine Schüssel geben und gut vermischen. Den Salat auf dem Hähnchenfleisch verteilen, fest aufrollen und die Wraps halbieren, mit Cocktailspießchen fixieren und kalt servieren.

20 Pikante Crêpes Den Ofengrill vorheizen. 100 g Crêpeteig-Mischung nach Packungsangabe zubereiten. Eine Pfanne erhitzen und mit etwas Öl ausfetten. Ein Viertel des Teigs in die Pfanne geben und 1 Minute backen, dann wenden und auf der anderen Seite einige weitere Sekunden goldbraun backen. Mit dem restlichen Teig drei weitere Pfannkuchen backen. 150 ml Passata mit 125 g gehackter Mailänder Salami, 125 g gehacktem geräuchertem Hähnchenfleisch und 8 halbierten Cherrytomaten in einen Topf geben. 2–3 Minuten erhitzen, bis alles sehr heiß ist, dann in die Crêpes füllen, die Crêpes zu Dreiecken zusammenfalten oder aufrollen. In einer Schicht in eine flache, ofenfeste Form legen und 50 g geriebenen Parmesan darüberstreuen. 1–2 Minuten goldbraun grillen und mit einem Salat servieren.

10 Piri-Piri-Pfanne

Für 4 Personen
2 EL Olivenöl
500 g Mini-Hähnchenfilets
Thymianzweige zum Garnieren

Für die Piri-Piri-Sauce
1 TL gehackte rote Chili
1 TL gehackter Knoblauch
¼ TL getrockneter Oregano
¼ TL getrockneter Thymian
1 TL Paprikagewürz
2 EL Rotweinessig

Zum Servieren
Reis und grüner Salat

- Das Öl in einem großen, schweren Wok oder einer Pfanne erhitzen und das Hähnchenfleisch bei großer Hitze unter gelegentlichem Rühren 5 Minuten stellenweise goldbraun braten.
- Währenddessen alle Zutaten für die Piri-Piri-Sauce mischen und in die Pfanne mit dem Fleisch geben. Unter gelegentlichem Rühren weitere 3–4 Minuten braten, bis das Hähnchen das Saucenaroma annimmt und gar ist. Mit frischen Thymianzweigen garnieren.
- Mit Reis und einem grünen Salat heiß servieren.

20 Piri-Piri-Hähnchen-Spieße mit Paprika

3 Hähnchenbrüste (à etwa 150 g) würfeln und 1 große rote Paprika in Stücke schneiden. Auf 8 Bambus- oder Metallspieße spießen und auf einen mit Alufolie ausgelegten Grillrost legen. 2 EL Olivenöl, 1 TL gehackten Knoblauch, 1 TL gehackte Chili, ½ TL getrockneten Oregano und ¼ TL getrockneten Thymian zu einer Paste vermischen. 1 TL Paprikapulver und 1 EL Rotweinessig zugeben und damit mischen. Die Paste auf die Hähnchenspieße pinseln. Eine Grillpfanne erhitzen und die Spieße bei großer Hitze 2–3 Minuten auf jeder Seite goldbraun grillen.

30 Piri-Piri-Hähnchenschenkel mit Paprika

Den Ofen auf 200 °C und eine Grillpfanne vorheizen. Zwei tiefe Schnitte in 8 Hähnchenschenkel schneiden. In die Grillpfanne legen und 5 Minuten auf jeder Seite grillen. Währenddessen 1 fein gehackte rote Chili, 3 EL Olivenöl, 1 fein gehackte oder zerdrückte Knoblauchzehe, ½ TL getrockneten Oregano, die abgeriebene Schale und den Saft von 1 Zitrone, 1 TL Paprika und 2 EL Rotweinessig vermischen. Die Hähnchenschenkel in einen Bräter legen und mit der Marinade großzügig bestreichen. Auf der oberen Schiene des Ofens 15 Minuten rösten. Währenddessen 1 rote Paprika in Streifen schneiden und unter gelegentlichem Wenden in der Grillpfanne 5 Minuten weich garen. Die Hähnchenschenkel mit den Paprika und mit Thymianzweigen garniert servieren.

30 Coq au Vin

Für 4 Personen
2 EL Olivenöl
8 Hähnchenunterschenkel (Drumsticks)
8 Scheiben durchwachsener Speck, grob gehackt
8 ganze Schalotten
250 g braune Champignons, halbiert
1 EL Mehl
2 EL frischer Thymian
300 ml Rotwein
450 ml kräftige Hühnerbrühe
Thymianzweige zum Garnieren
Kartoffelpüree zum Servieren

- Das Öl in einer großen, schweren Pfanne erhitzen und die Drumsticks und den Speck bei großer Hitze 5 Minuten braten. Schalotten und Pilze zugeben und weitere 5 Minuten braten, dabei Hähnchen und Schalotten gelegentlich wenden, bis sie rundum goldbraun sind. Mehl zugeben und gründlich vermischen, dann den Thymian zugeben.
- Den Wein und die Brühe zugeben und aufkochen lassen, dabei stetig rühren, damit sich das Mehl gut in der Flüssigkeit verteilt. Hitze reduzieren und ohne Deckel 15 Minuten köcheln lassen, bis das Hähnchen gar ist.
- Das Coq au Vin mit Thymianzweigen garnieren und auf heißem Kartoffelpüree in angewärmten Servierschälchen servieren.

---

10 **Hähnchen-Pilz-Suppe mit Croûtons** 1 EL Olivenöl in einer Pfanne erhitzen und 200 g gewürfeltes Hähnchenfleisch mit 1 gehackten Zwiebel und 125 g grob gehackten Pilzen 5 Minuten bei großer Hitze braten. Währenddessen 40 ml Rotweinsauce aus dem Glas oder Tetrapack mit 300 ml Hühnerbrühe zum Fleisch geben. Aufkochen lassen, in angewärmte Schälchen füllen und mit Croûtons bestreut servieren.

20 **Hähnchenbrüste nach Coq-au-Vin-Art** 1 EL Olivenöl in einer großen, schweren Pfanne erhitzen und 4 Hähnchenbrüste (à etwa 125 g) und 1 kleine in Ringe geschnittene rote Zwiebel 10 Minuten braten, das Hähnchenfleisch dabei einmal wenden. Währenddessen 1 EL Olivenöl in einer zweiten Pfanne erhitzen und 4 Scheiben gehackten durchwachsenen Speck und 200 g halbierte braune Champignons bei großer Hitze 5 Minuten braten. Pilze und Speck in die Pfanne mit dem Hähnchenfleisch geben. 150 ml Rotwein und 300 ml kräftige Hühnerbrühe zugeben und aufkochen lassen. Hitze reduzieren, mit einem Deckel schließen und 5 Minuten köcheln lassen. 1 TL Maismehl mit 1 EL Wasser verrühren, zu der Sauce geben und kräftig rühren, um die Sauce anzudicken. Auf Kartoffelpüree servieren.

30 Hähnchen-Steinpilz-Pie mit Ardenner Pastete

Für 4 Personen

40 g getrocknete Steinpilze, gehackt
250 g Blätterteig aus dem Kühlregal, aufgerollt
1 verquirltes Ei zum Bestreichen
4 Hähnchenbrüste (à etwa 125 g)
125 g Ardenner Pastete (Leberpastete vom Schwein)
25 g Butter
150 ml Weißwein
150 g Sahne
2 EL gehackte glatte Petersilie zum Garnieren

- Den Ofen auf 220 °C vorheizen. Die Steinpilze 10 Minuten in 150 ml kochendem Wasser einweichen.
- Den Blätterteig in vier Rauten schneiden und drei kleine Einschnitte in die Oberfläche schneiden. Auf ein Backblech legen, mit verquirltem Ei bestreichen und im Ofen 12–15 Minuten backen, bis der Teig aufgegangen und goldbraun ist.
- Währenddessen in jede Hähnchenbrust große Schnitte schneiden und in jeden eine Scheibe Pastete stecken. Die Hälfte der Pilze als Füllung auf die vier Hähnchenbrüste verteilen, das Fleisch mit Küchengarn zubinden. Die Butter in einer Pfanne erhitzen, die Hähnchenbrüste bei großer Hitze 5 Minuten auf jeder Seite braten.
- Den Weißwein und die restlichen Pilze zugeben, aufkochen lassen. Hitze reduzieren, die Hähnchenbrüste wenden, mit einem Deckel schließen und 5 Minuten köcheln lassen. Das Fleisch aus der Pfanne nehmen und auf 4 angewärmte Teller verteilen. Die Sahne in die Pfanne geben, 1 Minute erhitzen, über das Hähnchen träufeln. Auf jedes eine Blätterteigraute legen und mit Petersilie garnieren.

---

10 Heiße Hähnchen-Pilz-Wraps mit Rucola 3 EL Olivenöl in einer großen Pfanne erhitzen und 2 in dünne Scheiben geschnittene Hähnchenbrüste mit 200 g geviertelten braunen Champignons 7–8 Minuten goldbraun braten. 4 Weizentortillas mit je 25 g Ardenner Pastete (Leberpastete vom Schwein) bestreichen und jede mit einer Handvoll Rucola belegen. Das heiße Fleisch und die Pilze darüberverteilen, fest aufrollen. Zum Servieren in zwei Hälften schneiden.

20 Hähnchenbrüste mit Pilzsauce und Walnussbrot Den Grill vorheizen. 150 ml kochendes Wasser über 25 g getrocknete Steinpilze gießen und 10 Minuten beiseitestellen. 2 EL Olivenöl in einer Pfanne erhitzen und 4 Hähnchenbrüste (à etwa 125 g) bei großer Hitze 5 Minuten auf jeder Seite braten. 200 g geviertelte braune Champignons, die abgegossenen und gehackten Steinpilze und 150 ml Weißwein dazugeben. Aufkochen lassen, Hitze reduzieren, Pfanne mit einem Deckel schließen und 5 Minuten köcheln lassen. Währenddessen 4 Scheiben Walnussbrot auf beiden Seiten knusprig grillen. Die Hähnchenbrüste auf angewärmte Teller geben. 8 EL Sahne in die Pfanne geben und zum Kochen bringen. Die Sauce über das Hähnchen geben und jedes mit 1 getoasteten Scheibe Walnussbrot belegen.

20 Hähnchen mit Knoblauch-Kräuter-Füllung, Tomaten und Prosciutto

Für 4 Personen

4 Hähnchenbrüste (à etwa 125 g)
8 getrocknete Tomaten
125 g Knoblauch-Kräuter-Frischkäse
8 Scheiben Prosciutto
3 EL Olivenöl
8 EL Weißwein
frisch gemahlener schwarzer Pfeffer

- Auf jede Seite der Hähnchenbrust quer einen so tiefen Einschnitt schneiden, dass die beiden Hälften fast getrennt werden, und jedes Stück mit einem Viertel des Knoblauch-Kräuter-Frischkäses und 2 getrockneten Tomaten füllen. Zusammendrücken und fest in jeweils 2 Scheiben Prosciutto wickeln, um das Fleisch zusammenzuhalten.
- Das Öl in einer großen, schweren Pfanne erhitzen und das Hähnchenfleisch mit den Öffnungen nach unten bei großer Hitze 3–4 Minuten auf jeder Seite goldbraun braten. Den Wein in die Pfanne geben, mit einem gut schließenden Deckel abdecken und weitere 5 Minuten weich garen. Das Hähnchen auf angewärmten Tellern mit reichlich Pfeffer bestreut und mit Bratensaft beträufelt servieren.

10 Knoblauch-Kräuter-Hähnchen mit getrockneten Tomaten und Reis 2 EL Olivenöl in einer Pfanne erhitzen und 400 g gewürfeltes Hähnchenfleisch bei großer Hitze 7–8 Minuten goldbraun braten, bis es gar ist. 125 g getrocknete Tomaten in die Pfanne geben und gut vermischen. 200 g Knoblauch-Kräuter-Frischkäse mit 8 EL Milch verrühren und in die Pfanne geben. Vorsichtig erhitzen, dabei stetig 1–2 Minuten mit einem Holzkochlöffel rühen, bis alles heiß ist, aber nicht kocht. Mit Reis oder Kartoffelpüree servieren.

30 Hähnchen-Päckchen mit Tomaten und Zwiebeln Den Ofen auf 220 °C vorheizen. Auf jeder Seite von 4 Hähnchenbrüsten (à etwa 125 g) je einen tiefen Einschnitt schneiden und jedes mit etwa 25 g Knoblauch-Kräuter-Frischkäse und 2 getrockneten Tomaten füllen. Jedes Stück in 2 Scheiben Prosciutto wickeln und auf je ein Stück Alufolie legen. Die Folie um das Fleisch herum zu einem flachen Schälchen formen und 3 EL Weißwein in jedes Schälchen füllen. 1 Zwiebel in Ringe schneiden und über das Hähnchen streuen. Die Alufolie über dem Fleisch zu einem Päckchen zusammenschlagen. Auf einen Backrost setzen und im Ofen 20 Minuten backen. Die Alufolie in den letzten 5 Minuten entfernen, damit der Prosciutto etwas bräunen kann. Mit grünen Bohnen und Kartoffelpüree servieren.

20 Süßes Balsamicohähnchen mit Röstzwiebeln

Für 4 Personen

6 EL Balsamico
4 Hähnchenbrüste (à etwa 150 g)
2 EL Olivenöl
1 Zwiebel, in dünne Ringe geschnitten
1 rote Zwiebel, in dünne Ringe geschnitten
2 EL flüssiger Honig
1 EL gehackter Rosmarin
150 ml Hühnerbrühe
frisch gemahlener schwarzer Pfeffer

Zum Servieren
Kartoffelpüree
grüne Bohnen

- Den Balsamico in eine Schüssel geben und mit Pfeffer würzen. In die Oberfläche jeder Hähnchenbrust 3 kleine Einschnitte schneiden. Die Hähnchenbrust zum Balsamico geben und darin wenden. 3-4 Minuten beiseitestellen.
- Währenddessen das Öl in einer großen, schweren Pfanne erhitzen und die Zwiebeln bei mittlerer Hitze 5 Minuten braten, bis sie weich sind und beginnen goldbraun zu werden. Das Hähnchenfleisch mit der eingeschnittenen Seite nach unten 3 Minuten braten. Dann wenden und weitere 3 Minuten braten.
- Fleisch nochmals wenden und den Balsamico aus der Schüssel zusammen mit Honig und Rosmarin zugeben. Hitze reduzieren und Brühe zugeben, mit einem Deckel schließen und 3–4 Minuten köcheln lassen, bis das Fleisch gar ist, dabei einmal umrühren. Das Hähnchenfleisch auf angewärmten Tellern verteilen, die Zwiebeln daraufgeben. Mit Kartoffelpüree und grünen Bohnen servieren.

---

10 **Balsamicohähnchen-Bruschetta** 2 Hähnchenbrüste (à etwa 125 g) in dünne Scheiben schneiden und mit 3 EL Balsamico, 1 EL flüssigem Honig und ½ TL getrocknetem Rosmarin in eine Schüssel geben und vermischen. 1 EL Olivenöl in einer großen Pfanne erhitzen und das Hähnchen bei großer Hitze 7–8 Minuten braten, bis es goldbraun und gar ist. Währenddessen 8 große Pilze in Scheiben schneiden und in den letzten 4 Minuten zugeben. 4 diagonal geteilte Ciabattascheiben leicht toasten, das Balsamicohähnchen und die Pilze daraufgeben und warm servieren.

30 **Süßes Balsamicohähnchen mit Kürbis und Paprika** Den Ofen auf 220 °C vorheizen. 350 g vorbereitete Butternut-Kürbis-Stücke und 1 in Stücke geschnittene rote Paprika mit 2 EL Olivenöl und 2 EL gehackter Petersilie mischen. 2 Hähnchenbrüste (à etwa 125 g) mit 4 EL Balsamico und 1 EL flüssigem Honig mischen. Hähnchenbrüste und Gemüse in einen Bräter geben und auf der oberen Schiene 20 Minuten braten, bis es gar ist. Hähnchen und Gemüse mit 1 EL gehacktem Rosmarin bestreuen und mit Kartoffelpüree nach Belieben servieren.

30 Harissa-Hähnchen

Für 4 Personen

3 EL Olivenöl
1 große Zwiebel, grob gehackt
3 Hähnchenbrüste (à etwa 150 g), in Scheiben geschnitten
½ TL Zimtpulver
1 TL gemahlener Kreuzkümmel
1 TL gemahlener Koriander
2 EL Harissa
400 g gehackte Tomaten aus der Dose
150 ml heiße Hühnerbrühe
400 g Kichererbsen aus der Dose, abgegossen
Couscous zum Servieren

- Das Öl in einem großen, schweren Wok oder einer Pfanne erhitzen und Zwiebel und Hähnchen bei großer Hitze 5 Minuten braten. Die Gewürze zugeben und unter Rühren 2 Minuten kochen.
- Das Harissa zugeben und weitere 2 Minuten kochen, dann die gehackten Tomaten und die Brühe hinzufügen. Zum Kochen bringen, Hitze reduzieren, mit einem Deckel schließen und 15 Minuten unter gelegentlichem Rühren leise köcheln lassen.
- Die abgetropften Kichererbsen zugeben und weitere 2 Minuten kochen, bis alles sehr heiß ist. Mit Couscous nach Belieben servieren.

---

10 Harissa-Kichererbsen-Dip mit Hähnchen 1 EL Olivenöl in einer Pfanne erhitzen und 1 gehackte Zwiebel und 1 kleine, grob gehackte Hähnchenbrust bei großer Hitze 5 Minuten braten, bis sie goldbraun und gar ist. 1 EL Harissa, ½ TL gemahlenen Kreuzkümmel und ½ TL gemahlenen Koriander zugeben. 400 g Kichererbsen aus der Dose, abgegossen, und 4 EL Wasser zugeben. Weitere 2 Minuten erhitzen, dann in die Küchenmaschine oder den Mixer füllen und glatt pürieren. In eine Servierschüssel geben und mit Grissini und Zuckerschoten zum Dippen servieren.

---

20 Harissa-Hähnchen-Spieße Den Ofengrill vorheizen. 3 Hähnchenbrüste (à etwa 150 g) würfeln und mit 4 EL Naturjoghurt, 1 EL Harissa, je 1 Prise Zimtpulver, Kreuzkümmel und Koriander und 2 EL gehacktem frischem Koriander in eine Schüssel geben. Das Hähnchenfleisch darin wenden, um des damit zu umhüllen. Auf vier Bambusspieße stecken und zusammen mit 200 g Cherrytomaten auf einen mit Alufolie ausgelegten Grillrost legen. Spieße und Cherrytomaten 8–10 Minuten grillen, dabei einmal wenden, bis beides knusprig und gar ist. Mit Couscous servieren.

20 Hähnchen in Estragon-Sahne-Sauce mit Pilzreis

Für 4 Personen
250 g Schnelkochreis
25 g Butter
4 Hähnchenbrüste (à ca. 150 g), diagonal in 6 Scheiben geschnitten
1 TL Dijonsenf
2 EL Estragon- oder Weißweinessig
400 g Crème fraîche
4 EL gehackter Estragon
4 EL Olivenöl
300 g braune Champignons, in Scheiben geschnitten
1 EL grober Senf
frisch gemahlener schwarzer Pfeffer

- Den Reis in einem großen Topf mit leicht gesalzenem kochendem Wasser 15 Minuten weich kochen. Abgießen und beiseitestellen.
- Die Butter in einer Pfanne erhitzen und die Hähnchenscheiben bei großer Hitze 10 Minuten goldbraun braten. Den Dijonsenf zugeben und verrühren. Den Weinessig zugeben und ebenfalls verrühren, einige Sekunden kochen lassen, bis der Essig verdampft ist. Crème fraîche und gehackten Estragon hinzufügen, Hitze reduzieren und 2 Minuten gut umrühren, bis alles sehr heiß ist, aber noch nicht kocht. Großzügig mit Pfeffer würzen und beiseitestellen.
- Währenddessen das Öl in einer Pfanne erhitzen und die Pilze bei großer Hitze 5 Minuten braten, bis sie goldbraun sind. Den abgetropften Reis und den groben Senf zugeben und unter Rühren 2 Minuten braten, bis alles sehr heiß ist. Den Reis auf angewärmte Teller verteilen und das Hähnchen daraufgeben.

---

10 Warmer Hähnchen-Pilz-Salat mit Estragon

3 Hähnchenbrüste (à etwa 150 g) in dünne Scheiben schneiden. 2 EL Olivenöl in einer Pfanne erhitzen und das Hähnchen mit 125 g geviertelten braunen Champignos bei großer Hitze 5 Minuten braten, bis beides goldbraun und gar ist, in der letzten Minute 2 EL gehackten Estragon dazugeben. 300 g Spinat-Brunnenkresse-Salat in eine Servierschüssel geben, das heiße Fleisch und die Pilze zugeben und mischen. Etwas Mayonnaise mit gehacktem Estragon würzen und zu dem warmen Salat servieren.

30 Gebackene Hähnchenbrüste mit Estragonsauce

Gebackene Hähnchenbrüste mit Estragonsauce Den Ofen auf 200 °C vorheizen. In die Seiten von 4 Hähnchenbrüsten je einen Schlitz schneiden und in jeden Schlitz einen Estragonzweig füllen. In einen Bräter geben, großzügig mit Salz und Pfeffer würzen und ein Butterflöckchen auf jedes Stück legen. Im Ofen 20–25 Minuten braten, bis das Fleisch goldbraun und gar ist. Währenddessen die Sauce zubereiten. 25 g Butter in einem kleinen Topf erhitzen, 25 g Mehl zugeben und einige Sekunden erhitzen. Den Topf von der Platte nehmen und 2 EL Estragonessig hinzufügen. 300 ml Milch in kleinen Mengen zugeben. Wieder in die Pfanne füllen und aufkochen lassen, dabei stetig rühren, bis die Sauce aufkocht und angedickt ist. 4 EL gehackten Estragon und 50 g geriebenen Cheddar zugeben. Gut umrühren, damit der Käse schmilzt, und 6 EL Sahne hinzufügen. Das Hähnchen mit der heißen Sauce und mit Spargel und neuen Kartoffeln servieren

30 Schnelle Paella mit Artischocken, Chorizo und grünen Bohnen

Für 4 Personen
2 EL Olivenöl
4 Hähnchenunterschenkel (Drumsticks)
75 g Chorizo, in dünne Scheiben geschnitten
1 kleine rote Zwiebel, in dünne Ringe geschnitten
200 g Paella-Reis
900 ml kräftige Hühnerbrühe
1 Prise Safranfäden
400 g Artischockenherzen aus der Dose, abgegossen und halbiert
100 g große Garnelen ohne Schale
100 g grüne Bohnen, geputzt

- Das Öl in einer großen Paellapfanne, einem Wok oder einer Pfanne erhitzen und die Drumsticks unter gelegentlichem Wenden bei großer Hitze 5 Minuten goldbraun braten. Chorizo und Zwiebel zugeben und unter Rühren 2 Minuten braten.
- Den Reis zugeben und vermischen. Die Brühe und den Safran zufügen und aufkochen lassen. Die Hitze reduzieren, die Pfanne mit einem Deckel schließen und 15 Minuten unter gelegentlichem Rühren köcheln lassen.
- Artischocken, Garnelen und Bohnen hinzugeben und gut vermischen. Abgedeckt weitere 5 Minuten kochen lassen, bis alles sehr heiß, gar und weich ist.

---

10 Hähnchen-Artischocken-Bruschetta Den Ofengrill vorheizen. 4 dicke diagonal geschnittene Scheiben Ciabatte auf einen mit Alufolie ausgelegten Grillrost legen. Jede mit 1 EL Olivenöl beträufeln. Unter dem Grill 30 Sekunden auf jeder Seite grillen, bis es goldbraun und knusprig ist. Warm halten. 300 ml Passata mit 400 g Artischockenherzen aus der Dose, halbiert, 1 gekochte Hähnchenbrust in Scheiben und 50 g TK-Bohnen in einen Topf geben und aufkochen lassen. Hitze reduzieren, den Topf mit einem Deckel schließen und 3–4 Minuten köcheln lassen, bis alles sehr heiß ist. 3 EL gehackte glatte Petersilie unterrühren und auf den Ciabatta-Toasts servieren.

---

20 Hähnchen-Chorizo-Pilaw mit Artischocken 250 g Schnellkochreis in einem Topf mit leicht gesalzenem kochendem Wasser 12–15 Minuten weich kochen, abgießen. Währenddessen 3 EL Olivenöl in einer großen Pfanne erhitzen und 1 in Ringe geschnittene rote Zwiebel und 250 g gewürfeltes Hähnchenfleisch mit 75 g in Scheiben geschnittener Chorizo 8–10 Minuten goldbraun braten. 400 g Artischockenherzen aus der Dose, abgegossen und halbiert, 100 g TK-Erbsen und 150 ml Hühnerbrühe zugeben. Aufkochen und 2 Minuten köcheln lassen. Den Reis zugeben und vermischen. In angewärmten Servierschälchen mit gehackter Petersilie zum Garnieren nach Belieben servieren.

10 Hähnchen mit Blauschimmelkäse und Mangochutney

Für 4 Personen

4 Hähnchenbrüste (à etwa 125 g)
1 EL Olivenöl
4 Scheiben Gorgonzola (à etwa 25 g)
4 gehäufte EL Mangochutney
Salz und frisch gemahlener schwarzer Pfeffer
Salat zum Servieren

- Eine Grillpfanne vorheizen. Die Hähnchenbrüste zwischen zwei Stück Frischhaltefolie legen und mit einem Nudelholz flach klopfen, bis sie fast doppelt so groß und nur noch halb so dick sind. Mit Salz und Pfeffer würzen. Die Hähnchenbrüste mit Öl bestreichen und in der Grillpfanne 7–8 Minuten grillen, dabei einmal wenden, bis sie goldbraun und gar sind.
- Auf vier angewärmte Teller verteilen und jede Hähnchenbrust mit je 1 Scheibe Gorgonzola und 1 EL Mangochutney belegen. Mit einem Salat servieren.

---

20 **Gegrillte Hähnchenbrüste mit Blauschimmelkäsesauce** 4 Hähnchenbrüste (à etwa 125 g) zwischen 2 Stück Frischhaltefolie legen und mit einem Nudelholz flach klopfen, bis sie nur noch halb so dick sind. Das Hähnchen in einer heißen Grillpfanne bei großer Hitze 7–8 Minuten braten, bis es goldbraun und gar ist, dabei einmal wenden. Währenddessen 25 g Butter in einem Topf zerlassen, 25 g Mehl zugeben und einige Sekunden erhitzen. Von der Platte nehmen und 300 ml Milch in kleinen Mengen zugeben. Wieder auf die Platte stellen und aufkochen, dabei rühren, bis es kocht und angedickt ist. Von der Platte nehmen und 125 g zerkrümelten Blauschimmelkäse unterrühren, bis er geschmolzen ist. 1 EL Thymian unterrühren und das Hähnchen mit der Sauce servieren.

30 **Gebackene Hähnchenbrüste mit würzigen Mangos und Blauschimmelkäse** Den Ofen auf 200 °C vorheizen. Mit einem scharfen Messer 4 Hähnchenbrüste (à etwa 125 g) fast ganz der Länge nach halbieren. ¼ Mango in schmale Scheiben schneiden und mit 2 EL Mangochutney mischen. Die Mischung in den 4 Hähnchenbrüsten so verteilen, dass sie gleichmäßig gefüllt sind. Jede mit 2 Scheiben Prosciutto fest umwickeln, sodass die Füllung fixiert wird. 1 EL Olivenöl in einer großen, schweren Pfanne erhitzen und das Hähnchenfleisch bei großer Hitze 5 Minuten braten, bis es auf beiden Seiten leicht goldbraun ist, dabei einmal wenden. In die Fettpfanne legen und im Ofen 20 Minuten braten, bis das Fleisch goldbraun und gar ist. Für die letzten 5 Minuten auf jedes Stück eine dicke Scheibe Gorgonzola (à etwa 40 g) legen. Mit einem Salat nach Belieben servieren.

30 Hähnchen-Tajne mit Aprikosen, Pflaumen und Mandeln

Für 4 Personen

1 EL Olivenöl
1 große Zwiebel, gehackt
8 Hähnchenschenkel ohne Haut und Knochen, in Stücke geschnitten
1 TL Zimtpulver
1 Zimtstange
1 TL gemahlener Kreuzkümmel
1 TL gemahlener Koriander
½ TL Paprikapulver
175 g getrocknete Aprikosen
175 g getrocknete Pflaumen
600 ml Hühnerbrühe
1 TL Maismehl
5 EL gehackter frischer Koriander
50 g geröstete blanchierte Mandeln
Couscous zum Servieren nach Belieben

- Den Couscous mit warmem Wasser nach Packungsanweisung zubereiten, wenn verwendet. Beiseitestellen.
- Währenddessen die Tajne vorbereiten. Dafür das Öl in einem großen, schweren Topf erhitzen und Zwiebel und Hähnchenfleisch bei großer Hitze 5 Minuten braten, bis beides goldbraun ist und weich zu werden beginnt. Alle Gewürze zugeben und unter Rühren 2 Minuten braten.
- Trockenfrüchte und Brühe zugeben. Aufkochen lassen, dann die Hitze reduzieren und ohne Deckel weitere 15 Minuten leise köcheln lassen, bis das Hähnchenfleisch und die Trockenfrüchte weich sind, aber noch ihre Form beibehalten.
- Das Maismehl mit 1 EL Wasser verrühren und in die Tajne rühren, damit sie andickt. Gehackten Koriander und Mandeln zugeben, verrühren und 1 weitere Minute erhitzen. Mit dem Couscous nach Belieben servieren.

---

10 Couscoussalat nach marokkanischer Art 100 g Couscous (z. B. Zitronen-Koriander-Geschmack) nach Packungsangabe zubereiten. 1 EL Olivenöl in einer großen Pfanne erhitzen und 2 in dünne Scheiben geschnittene Hähnchenschenkel ohne Haut und Knochen (à etwa 150 g) bei großer Hitze 3–4 Minuten braten. 1 Bund grob gehackte Frühlingszwiebeln zugeben und weitere 4 Minuten braten, bis das Fleisch goldbraun ist. Mit 4 EL gehacktem frischem Koriander, 75 g gehackten getrockneten Aprikosen und 50 g gerösteten Mandelblättchen zum Couscous geben.

20 Hühnersuppe nach marokkanischer Art 1 EL Olivenöl in einer Pfanne erhitzen und 1 gehackte Zwiebel und 2 in Scheiben geschnittene Hähnchenschenkel ohne Haut und Knochen (à etwa 125 g) bei großer Hitze 5 Minuten goldbraun braten. Je 1 TL Zimtpulver, gemahlenen Kreuzkümmel, gemahlenen Koriander und Paprikapulver zugeben und unter Rühren 1 weitere Minute braten. 400 g Tomaten aus der Dose und 600 ml Hühnerbrühe zugeben und aufkochen lassen. Hitze reduzieren und 10 Minuten köcheln lassen, dann in die Küchenmaschine oder den Mixer füllen. Pürieren, bis die Masse fast glatt ist. Mit 400 g Kichererbsen aus der Dose, abgegossen, und 3 EL gehacktem frischem Koriander wieder in die Pfanne geben. 2 Minuten erhitzen, in angewärmte Suppenschälchen füllen und mit knusprigem Brot servieren.

30 Geröstete Rote Bete, Kürbis und Thymian-Hähnchenschenkel

Für 4 Personen

4 Hähnchenschenkel ohne Knochen
850 g küchenfertige Butternut-Kürbis-Spalten
300 g rohe Rote Bete (ungeschält), gewaschen und in schmale Spalten geschnitten
4 EL Olivenöl
6 ungeschälte Knoblauchzehen
etwa 12 Thymianzweige
Salz und frisch gemahlener schwarzer Pfeffer

- Den Ofen auf 220 °C vorheizen. Jeden Hähnchenschenkel aufklappen und großzügig mit Salz und Pfeffer würzen.
- Den Butternut-Kürbis und die Rote Bete in der Fettpfanne verteilen und mit dem Öl beträufeln. Die Knoblauchzehen und 8 der Thymianzweige damit vermischen und kräftig mit Salz und Pfeffer würzen. Die restlichen 4 Thymianzweige in die Mitte jedes Hähnchenschenkels geben, aufrollen und mit Cocktailspießen fixieren.
- Im Ofen 20–25 Minuten backen, bis das Hähnchenfleisch goldbraun und gar und das Gemüse weich ist. Die Rote Bete sollte noch etwas Biss haben. Mit warmem knusprigem Brot nach Belieben servieren.

---

10 Hähnchen-Gurken-Salat mit Roter Bete und Thymiandressing 300 g gekochte Rote Bete in schmale Spalten schneiden, mit 75 g Brunnenkresse in eine Schüssel geben und vermischen. ½ Gurke halbieren, in Stücke schneiden und mit 250 g marinierten Hähnchenstücken in eine Schüssel geben. Mit 5 EL Olivenöl, gemischt mit 1 TL getrocknetem Thymian, beträufeln. Mit Salz und Pfeffer würzen und servieren.

20 Hähnchen-Süßkartoffel-Cannelloni Den Ofengrill vorheizen. 2 EL Olivenöl in einer Pfanne erhitzen und 400 g Hähnchenhack und 1 kleine gehackte Zwiebel bei großer Hitze 5 Minuten braten. 1 fein gehackte Süßkartoffel und 2 EL gehackten Rosmarin zugeben und weitere 5 Minuten mitbraten, bis die Süßkartoffel weich wird. Die Mischung gleichmäßig auf 8 frische Lasagneplatten verteilen, aufrollen und in eine flache, ofenfeste Form legen. 300 ml Käsesauce aus dem Glas oder Tetrapack daraufgeben und mit 50 g geriebenem Parmesan bestreuen. 3–4 Minuten unter dem Grill backen, bis der Käse blubbert und goldbraun wird.

20 Hähnchenbrüste mit Crème fraîche und Senfsauce

Für 4 Personen
4 Hähnchenbrüste (à etwa 150 g)
1 EL Olivenöl
15 g Butter
200 g Crème fraîche
1 EL grober Senf
1 TL scharfer Senf
1 TL Dijonsenf
3 EL gehackte glatte Petersilie
frisch gemahlener schwarzer Pfeffer

Zum Servieren
grüne Bohnen
neue Kartoffeln

- Öl und Butter in einer großen, schweren Pfanne erhitzen und das Hähnchenfleisch bei großer Hitze 15 Minuten braten, bis es goldbraun und gar ist, dabei einmal wenden. Mit einem Pfannenwender aus der Pfanne heben und warm stellen.
- Die Crème fraîche mit den drei Senfsorten in die Pfanne geben und 2–3 Minuten unter Rühren erwärmen, nicht kochen. Die gehackte Petersilie unterrühren und großzügig mit Pfeffer würzen. Das Hähnchenfleisch auf angewärmte Teller verteilen und die Sauce darübergeben. Mit grünen Bohnen und neuen Kartoffeln mit Butter nach Belieben servieren.

---

10 Cremiges Hähnchen mit scharfer Senfsauce

25 g Butter in einer Pfanne erhitzen und 400 g gewürfeltes Hähnchenfleisch bei großer Hitze 7–8 Minuten goldbraun braten. 1 EL Dijonsenf, 2TL scharfen Senf und 1 TL groben Senf dazugeben. Gründlich verrühren, dann 150 g Sahne zufügen, verrühren und 2 Minuten erhitzen, bis alles sehr heiß ist. Auf angewärmte Teller verteilen und mit glatter Petersilie garniert servieren.

---

30 Verstecktes Senf-Hähnchen

Verstecktes Senf-Hähnchen Den Ofen auf 220 °C vorheizen. Ein Backblech mit Backpapier belegen. 400 g Blätterteig aus dem Kühlregal (gerollt) der Länge nach halbieren (eine Hälfte für eine andere Zubereitung aufbewahren). Den Teig in 16 lange Streifen schneiden, dann jeden Streifen quer halbieren. Aus den Streifen ein Gitter auf dem Backblech auslegen. Leicht mit einem verquirlten Ei bestreichen und im Ofen 15 Minuten backen, bis es goldbraun und knusprig ist. Währenddessen 25 g Butter in einer großen, schweren Pfanne erhitzen und 500 g gewürfeltes Hähnchenfleisch bei großer Hitze 15 Minuten braten, bis es goldbraun und gar ist. 200 g Crème fraîche, 1 EL groben Senf, je 1 TL scharfen und Dijonsenf zugeben und großzügig mit Pfeffer würzen. 2–3 Minuten erhitzen, bis es sehr heiß ist, aber nicht kocht. 3 EL gehackte glatte Petersilie zugeben und vermischen. Die Füllung auf angewärmte Teller verteilen, das Teiggitter darauflegen und servieren.

30 Hähnchenbrust mit Spargel-Pinienkern-Füllung und Senfsauce

Für 4 Personen

4 Hähnchenbrüste (à etwa 125 g)
12 dünne geputzte grüne Spargelstangel, längs halbiert
2 EL geröstete Pinienkerne
2 EL Olivenöl
15 g Butter
400 g Crème fraîche
2 EL Dijonsenf
Salz und frisch gemahlener schwarzer Pfeffer

- Die Hähnchenbrüste auf die Arbeitsfläche legen und längs fast ganz durchschneiden. In jedes Stück 6 Spargelstangen füllen und gleichmäßig die Pinienkerne dazwischen verteilen. Großzügig mit Salz und Pfeffer würzen, dann jede Hähnchenbrust mit Küchengarn zubinden, um die Füllung zu fixieren.
- Öl und Butter in einer großen, schweren Pfanne erhitzen und das Hähnchenfleisch bei mittlerer Hitze 7–8 Minuten auf jeder Seite braten, bis es goldbraun und gar ist. Die Pfanne in den letzten 5 Minuten mit einem Deckel schließen.
- Währenddessen Crème fraîche und Dijonsenf vermischen und kräftig mit Salz und Pfeffer würzen. In die Pfanne mit dem Hähnchenfleisch rühren und unter Rühren 2 Minuten sanft erhitzen. Die Hähnchenbrust mit der Senfsauce und mit gedünstetem Lauch und Sojabohnen nach Belieben servieren.

---

10 Spinatsalat mit gegrillter Hähnchenbrust und Spargel Den Grill vorheizen. 2 Hähnchenbrüste in Scheiben schneiden und in einer Schüssel mit 1 Bund grob gehacktem grünem Spargel mischen. 4 EL Olivenöl darüberträufeln und großzügig mit Salz und Pfeffer würzen. Auf einen großen, mit Alufolie ausgelegten Grillrost legen und 7–8 Minuten grillen. In einer Schüssel mit 200 g Spinatblättern und 4 EL gerösteten Pinienkernen mischen. Mit Balsamico beträufelt servieren.

20 Cremiges Spargel-Pinienkern-Hähnchen mit Tagliatelle 250 g Tagliatelle in einem großen Topf mit leicht gesalzenem kochendem Wasser 10 Minuten weich kochen. 2 Hähnchenbrüste (à etwa 150 g) in dünne Scheiben schneiden. 3 EL Olivenöl in einer großen, schweren Pfanne erhitzen und das Hähnchenfleisch bei großer Hitze darin 5 Minuten braten, bis es beginnt zu bräunen. 1 grob gehacktes Bund grünen Spargel dazugeben und unter Rühren weitere 5 Minuten braten. 400 g Crème fraîche und 2 EL Dijonsenf zugeben und unter Rühren 3–4 Minuten erhitzen. Die Tagliatelle abgießen und in die Pfanne mit dem Hähnchenfleisch geben, kurz vermengen und heiß servieren.

QuickChicken

Gesund und festlich

Rezepte nach Zubereitungszeit

30

20

10

10 Hähnchen-Laksa mit Reisnudeln

Für 4 Personen
1–2 EL rote Thai-Currypaste
1 l heiße Hühnerbrühe
300 g gekochtes Hähnchenfleisch, in Streifen gerissen
400 g gekochte Reisnudeln
400 ml Kokosmilch aus der Dose
300 g Pfannengemüse
Saft von 1 Limette
1 kleine Handvoll Koriander
Salz und frisch gemahlener schwarzer Pfeffer

- Die Currypaste in einer großen Pfanne 1 Minute braten. Heiße Brühe, Hähnchenfleisch und Reisnudeln hinzufügen und 3 Minuten köcheln lassen.
- Die Kokosmilch hinzufügen, wieder zum Kochen bringen und das vorbereitete Pfannengemüse zugeben. 2 Minuten köcheln lassen, den Limettensaft unterrühren und mit Salz und Pfeffer würzen. In Servierschälchen füllen und frischen Koriander darüberstreuen.

20 Hähnchen-Reisnudel-Pfanne mit Gemüse

1 EL Pflanzenöl in einer Pfanne erhitzen und 3 in Streifen geschnittene Hähnchenbrüste (à etwa 150 g), 1 in Ringe geschnittenes Bund Frühlingszwiebeln, 125 g Zuckererbsen und 1 rote in Streifen geschnittene Paprika hinzufügen. Bei großer Hitze unter Rühren 6–7 Minuten braten, dann 1–2 EL rote Thai-Currypaste und 300 g gekochte Reisnudeln zugeben, erhitzen und mit gehackten Erdnüssen bestreut servieren.

30 Thai-Hähnchencurry

3 Hähnchenbrustfilets ohne Haut in Stücke schneiden und unter Rühren mit 1–2 EL roter Thai-Currypaste und 1 EL Pflanzenöl 5 Minuten braten. 500 ml Hühnerbrühe zugeben, 10 Minuten köcheln lassen, dann 400 ml Kokosmilch aus der Dose und 300 g küchenfertiges Pfannengemüse dazugeben. Mit frischem Koriander garnieren und mit Jasminreis servieren.

20 Hähnchen-Tacos

Für 4 Personen
1 EL Pflanzenöl
500 g Hähnchenhack
2 Knoblauchzehen, zerdrückt
30 g Taco- oder Fajita-Gewürzmischung
Saft von 1 Limette
8 Taco-Schalen

Zum Servieren
Tomatensalsa
fettarmer Naturjoghurt
Salat in Streifen
geriebener fettreduzierter Cheddar
Limettenspalten

- Öl in einer Pfanne erhitzen, das Hähnchenhack dazugeben und unter Rühren braten, dabei Klümpchen nicht zerteilen. Den Knoblauch und die Gewürzmischung zugeben und 5 Minuten weiterbraten, dabei etwas Wasser hinzufügen, falls die Mischung zu trocken wird. Den Limettensaft unterrühren.
- Die Taco-Schalen nach Packungsangabe aufwärmen. Die Hackmischung hineinfüllen und mit Tomatensalsa, Joghurt, Salat und geriebenem Käse belegen. Mit den Limettenspalten servieren.

---

10 **Tex–Mex-Hähnchen mit Bohnen** 500 g Hähnchen-Gehacktes mit 30 g Taco- oder Fajita-Gewürzmischung bei großer Hitze 5 Minuten in 1 EL Sonnenblumenöl braten, bis es krümelig und gar ist. 250 ml Passata und 200 g Kidneybohnen aus der Dose, abgegossen, dazugeben. Erhitzen und mit getoasteten Brotscheiben servieren.

30 **Mexikanische Hähnchenburger mit Süßkartoffelspalten** Den Ofen auf 220 °C vorheizen. 2 Süßkartoffeln in schmale Spalten schneiden, in 1 EL Olivenöl wenden, mit Salz und Pfeffer würzen und auf einem Backblech verteilen. Im Ofen 25 Minuten backen, bis sie weich sind, dabei gelegentlich wenden. Währenddessen 500 g Hähnchenhack mit 1 zerdrückten Knoblauchzehe und 30 g Taco- oder Fajita-Gewürzmischung vermischen. Zu Burgern formen und in 1 EL Öl 8–10 Minuten braten, bis sie braun und gar sind. Dabei einmal wenden. Mit Tomatensalsa, Joghurt, Salat und den Süßkartoffelspalten servieren.

30 Hähnchen-Drumstick-Jambalaya

Für 4 Personen

1 EL Sonnenblumenöl
8 Hähnchenunterschenkel ohne Haut (Drumsticks)
1 Zwiebel, gehackt
2 Knoblauchzehen, zerdrückt
2 Selleriestangen, in Scheiben
1 rote Chili, entkernt und gehackt
1 grüne Paprikaschote, gehackt
75 g Chorizo, in Scheiben geschnitten
250 ml Langkornreis
500 ml Hühnerbrühe
1 Lorbeerblatt
3 Tomaten, in Spalten geschnitten
1 Spritzer Tabasco
Salz und frisch gemahlener schwarzer Pfeffer

- Das Öl in einer großen Pfanne erhitzen. Einige Schlitze in die dickste Stelle der Drumsticks schneiden, Fleisch in die Pfanne geben und bei großer Hitze 5 Minuten braten, dabei gelegentlich wenden. Zwiebel, Knoblauch, Sellerie, Chili und Paprika zugeben und weitere 2–3 Minuten braten, bis das Gemüse weich ist.
- Chorizo zugeben, kurz anbraten, dann den Reis zugeben und unterrühren, damit er sich mit den Säften in der Pfanne vermischt. Die Brühe und das Lorbeerblatt hinzufügen und aufkochen lassen. Mit einem Deckel schließen, die Hitze reduzieren und 20 Minuten unter gelegentlichem Rühren köcheln lassen, bis die Brühe aufgenommen und der Reis weich ist.
- Tomaten und Tabasco unterrühren und mit Salz und Pfeffer abschmecken. 3 Minuten vor dem Servieren erhitzen.

10 Schnelle Hähnchen-Chorizo-Pfanne

350 ml Tomatensauce aus dem Glas oder Tetrapack in einen Topf geben. 200 g gekochtes Hähnchenfleisch in Stücken, 75 g in Scheiben geschnittene Chorizo und 400 g Limabohnen aus der Dose zugeben. 5 Minuten köcheln lassen und mit knusprigem Brot servieren.

20 Spanisches Hähnchen mit würzigen Kartoffeln

Spanisches Hähnchen mit würzigen Kartoffeln 4 in Stücke geschnittene Hähnchenbrustfilets ohne Haut mit 1 in Scheiben geschnittenen Zwiebel, 2 zerdrückten Knoblauchzehen, 2 in Scheiben geschnittenen Selleriestangen und 75 g in Scheiben geschnittener Chorizo in 1 EL Olivenöl 5 Minuten unter Rühren braten. 250 g gehackte Tomaten aus der Dose und 1 Spritzer Tabasco zugeben,10 Minuten köcheln lassen. Währenddessen 400 g halbierte neue Kartoffeln in 1 EL Olivenöl 5 Minuten braten. ½ TL geräuchertes Paprikapulver und ¼ TL Cayennepfeffer zugeben und 2 Minuten kochen. Mit dem spanischen Hähnchen servieren.

30 Gegrillte Hähnchenbrust mit Koriander-Aioli

Für 4 Personen

Für das Koriander-Aïoli
1 kleines Bd. Koriander
1 Knoblauchzehe, geschält
2 TL Dijonsenf
1 Eigelb
2 TL Weißweinessig
150 ml Sonnenblumenöl
Salz und frisch gemahlener schwarzer Pfeffer

2 TL grob zerdrückte schwarze Pfefferkörner
4 Hähnchenbrustfilets ohne Haut, in dünne Scheiben geschnitten
1 EL Olivenöl

- Zunächst das Koriander-Aioli zubereiten. Einige Korianderblätter zum Garnieren beiseitelegen und den Rest in einer kleinen Küchenmaschine oder dem Mixer mit Knoblauch, Senf, Eigelb und Essig mixen, bis der Koriander fein gehackt ist. Während die Maschine läuft, langsam das Öl einlaufen lassen, bis die Mischung dick und sämig ist. Mit Salz und Pfeffer würzen.
- Eine Grillpfanne vorheizen. Die zerdrückten Pfefferkörner über das Hähnchenfleisch streuen und das Fleisch mit Öl beträufeln. Portionsweise in der heißen Pfanne 1–2 Minuten auf jeder Seite grillen, bis das Fleisch gar und goldbraun ist.
- Die warmen Hähnchenscheiben mit grünem Salat, geraspelter Roter Bete und dem Koriander-Aioli servieren. Mit den zurückgelegten Korianderblättchen garnieren.

---

10 Gegrillte Hähnchen-Tomaten-Sandwiches 3 Hähnchenbrustfilets ohne Haut in dünne Scheiben schneiden, mit Salz und reichlich Pfeffer würzen und mit 1 EL Olivenöl beträufeln. 4 Tomaten halbieren, mit Salz und Pfeffer würzen und mit etwas Öl beträufeln. Hähnchen und Tomaten portionsweise in der heißen Grillpfanne 1–2 Minuten auf jeder Seite grillen, bis das Fleisch goldbraun und gar ist. Mit Rucola und Knoblauch-Mayonnaise zwischen je 2 Scheiben knuspriges Vollkornbrot legen.

---

20 Gegrillte Hähnchenbrust mit Knoblauchmayonnaise 4 Hähnchenbrustfilets ohne Haut in dünne Scheiben schneiden, mit 2 TL grob zerdrückten schwarzen Pfefferkörnern bestreuen und 1 EL Olivenöl darüberträufeln. Portionsweise 1–2 Minuten in der heißen Grillpfanne auf jeder Seite grillen, bis es goldbraun und gar ist. 1 zerdrückte Knoblauchzehe unter 150 g fettreduzierte Mayonnaise rühren. Mit gemischtem Salat servieren.

10 Hähnchen-Minestrone

Für 4 Personen

400 g gehackte Tomaten aus der Dose
600 ml Hühnerbrühe
150 g gekochtes Hähnchenfleisch, in Stücken
1 Zucchini, gehackt
125 g gemischtes TK-Gemüse
75 g kleine Pasta
1 EL Pesto
Salz und frisch gemahlener schwarzer Pfeffer

- Tomaten, Brühe, Hähnchenfleisch, Zucchini und TK-Gemüse zusammen in einen Topf geben. Aufkochen lassen, umrühren, dann die Pasta zugeben und 5 Minuten köcheln lassen, bis die Pasta gerade weich ist.
- Mit Salz und Pfeffer würzen und das Pesto kurz vor dem Servieren unterrühren.

---

20 Gemüsehähnchen mit Reis 400 g gehackte Tomaten aus der Dose mit 200 g gekochtem Hähnchenfleisch in Stücken, 1 gehackten Zucchini, 125 g gemischtem TK-Gemüse und 125 ml Hühnerbrühe in einem Topf erhitzen. 5 Minuten köcheln lassen, 250 g Langkornreis zugeben und unter gelegentlichem Rühren 10 Minuten köcheln lassen. Wenn die Mischung zu trocken ist, etwas kochendes Wasser zufügen. 125 g Blattspinat unterrühren, bis er zusammenfällt.

---

30 Hähnchen-Gemüse-Topf
4 Hähnchenbrustfilets ohne Haut und Knochen längs halbieren und in 1 EL Olivenöl braten, bis sie auf beiden Seiten gebräunt sind. 400 g gehackte Tomaten aus der Dose, 1 gehackte Zucchini und 200 g gemischtes TK-Gemüse zugeben. Mit einem Deckel schließen und 15 Minuten leise köcheln lassen, dann 2 EL Pesto unterrühren und mit gekochten Tagliatelle servieren.

30 Hähnchen-Auberginen-Auflauf

Für 4 Personen

1 Aubergine, in dünnen Scheiben
Olivenölspray
6 Hähnchenschenkelfilets ohne Haut, gehackt
350 ml Tomaten-Basilikum-Sauce aus dem Glas oder Tetrapack
150 g Mozzarella, gehackt
50 g frische weiße Semmelbrösel
2 EL geriebener Parmesan
Salz und frisch gemahlener schwarzer Pfeffer

- Den Ofen auf 220 °C vorheizen. Die Auberginenscheiben auf ein mit Alufolie ausgelegtes Backblech legen und leicht mit Öl besprühen. Etwa 5 Minuten backen, dabei einmal wenden, bis die Auberginen weich sind.
- Währenddessen eine antihaftbeschichtete Pfanne mit Öl besprühen und das Hähnchenfleisch bei großer Hitze 5 Minuten darin braten, bis es gar ist. Die Pastasauce unterrühren und aufkochen lassen.
- Die Hälfte der Auberginenscheiben auf den Boden einer Auflaufform legen, die Hähnchen-Tomaten-Mischung darauf verteilen und mit den restlichen Auberginen belegen. Mozzarella, Semmelbrösel und Parmesan, Salz und Pfeffer mischen und darüber verteilen. Im Ofen 15 Minuten backen, bis der Belag goldbraun und knusprig ist.

10 Hähnchen-Tomaten-Suppe mit Auberginen

4 gehackte Hähnchenschenkelfilets ohne Haut mit 1 gehackten Aubergine in 1 EL Olivenöl 5 Minuten braten. 600 ml Tomatensuppe aus der Dose unterrühren und erhitzen. Mit einem Klecks fettarmen Joghurt servieren.

20 Hähnchen-Auberginen-Spaghetti

1 gehackte Aubergine und 1 gehackte Zucchini mit 4 gehackten Hähnchenschenkelfilets ohne Haut 5 Minuten in 1 EL Sonnenblumenöl braten. 350 ml Tomaten-Basilikum-Sauce aus dem Glas oder Tetrapack dazugeben, aufkochen und 10 Minuten köcheln lassen. Währenddessen 250 g Spaghetti in leicht gesalzenem kochendem Wasser 10 Minuten garen. Abgießen, mit 2 EL gehackter Petersilie zur Tomatenmischung geben. Mit Parmesan servieren.

30 Hähnchen-Pilaw mit Blumenkohl, Spinat und grünen Bohnen

Für 4 Personen

1 EL Sonnenblumenöl
1 Zwiebel, gehackt
6 Hähnchenschenkelfilets ohne Haut, gehackt
2 EL Korma-Currypaste
250 g Basmatireis
1 l Hühnerbrühe
1 kleiner Blumenkohl, in Röschen
150 g TK-Blattspinat
125 g grüne Bohnen, geputzt und quer halbiert
2 Karotten, grob geraspelt
25 g Mandelblättchen, geröstet
Salz und frisch gemahlener schwarzer Pfeffer
fettarmer Naturjoghurt zum Servieren

- Das Öl in einer großen Pfanne erhitzen. Zwiebel und Hähnchenfleisch hineingeben und unter Rühren 5 Minuten braten. Dann Currypaste, Reis, Brühe, Blumenkohl und grüne Bohnen zugeben. Aufkochen lassen, Hitze reduzieren, mit einem Deckel schließen und 10 Minuten köcheln lassen, bis die Brühe aufgenommen und der Reis und das Gemüse weich sind.
- Geraspelte Karotten unterrühren, 1 Minute erhitzen, mit Salz und Pfeffer würzen und mit Mandelblättchen bestreut und mit Naturjoghurt servieren.

---

10 Curryhähnchen mit Reis 2 EL Kormapaste in einer Pfanne erhitzen, 200 g gekochtes Hähnchenfleisch in Stücken, 200 g gemischtes TK-Gemüse und etwa 4 EL kochendes Wasser zugeben. Mit einem Deckel schließen und 5 Minuten kochen, 500 g gekochten Reis dazugeben und 3 Minuten unter Rühren erhitzen.

20 Cremiges Hähnchencurry mit Blumenkohl und Spinat 1 gehackte Zwiebel, 6 Hähnchenschenkelfilets ohne Haut in Stücken und 1 kleinen Blumenkohl, in Röschen geteilt, 5 Minuten in 1 EL Sonnenblumenöl braten. 125 g in Scheiben geschnittene Pilze, 150 ml Hühnerbrühe und 2 EL milde Currypaste dazugeben. 5 Minuten köcheln lassen, dann 150 g fettarmen Naturjoghurt damit vermischen. Mit Salz und Pfeffer würzen und erhitzen. 75 g Blattspinat zugeben und verrühren, bis der Spinat zusammengefallen ist. Mit Reis oder Naan servieren.

30 Limetten-Chili-Hähnchen mit Süßkartoffelpüree

Für 4 Personen

3 Süßkartoffeln, klein geschnitten
1 EL süße Chilisauce
1 EL Sojasauce
2 EL Limettensaft
4 Hähnchenbrustfilets ohne Haut, quer halbiert
2 TL Sesamöl
1 EL Sesamsamen
25 g fettarme Margarine
fettarme Milch zum Mixen
Salz und frisch gemahlener schwarzer Pfeffer
grüne Bohnen zum Servieren

- Die Süßkartoffeln in einem großen Topf mit leicht gesalzenem kochendem Wasser 15–20 Minuten weich kochen.
- Währenddessen in einer großen, flachen Form süße Chilisauce, Sojasauce und Zitronensaft mischen. Die Hähnchenbrusthälften zugeben und darin wenden, damit sie von der Mischung benetzt werden.
- Das Sesamöl in einer großen antihaftbeschichteten Pfanne erhitzen, das Hähnchenfleisch zugeben und 5 Minuten auf jeder Seite braten, bis es goldbraun und gar ist. Eventuell übrig gebliebene Saucenmischung zugeben und die Sesamsamen einstreuen. Einige Minuten weiterbraten.
- Die Süßkartoffeln abgießen und mit der Margarine und etwas Milch zu einem Püree verarbeiten. Mit Salz und Pfeffer würzen. Mit dem Chilihähnchen und grünen Bohnen servieren.

10 **Süße Chili-Hähnchen-Wraps** 400 g Mini-Hähnchenfilets in 2 EL süßer Chilisauce wenden. Unter Rühren in 2 TL Sesamöl 5 Minuten braten, bis sie gar sind. 1 Spritzer Limettensaft zugeben und mit Salatblättern umwickeln. Mit süßer Chilisauce zum Dippen servieren.

20 **Süßer Limetten-Chili-Hähnchen-Salat** 4 Hähnchenbrustfilets ohne Haut in Streifen schneiden und in einer Mischung aus 1 EL süßer Chilisauce, 1 EL Sojasauce und 2 EL Limettensaft wenden. 5 Minuten unter Rühren in 2 TL Sesamöl braten. Auf Salatstreifen, dünnen Gurkenscheiben und 1 Handvoll grob gehacktem frischem Koriander servieren.

10 Hähnchen-Couscous-Salat

Für 4 Personen

250 g Couscous
250 ml heiße Hühnerbrühe
400 g Kichererbsen aus der Dose, abgetropft
200 g geröstete Paprika in Öl aus dem Glas, abgetropft und gehackt; 3 EL Öl zurückbehalten
125 g Cherrytomaten, halbiert
4 EL gehackte gemischte Kräuter, wie Petersilie, Minze und Koriander
200 g gekochtes Barbecue-Hähnchen in Stücken
1 EL Weißweinessig
1 TL Dijonsenf
Salz und frisch gemahlener schwarzer Pfeffer

- Den Couscous in eine hitzefeste Schüssel füllen, die heiße Brühe zugeben, die Schüssel mit Frischhaltefolie abdecken und 5–8 Minuten stehen lassen, bis die Brühe aufgenommen ist.
- Währenddessen in einer großen Schüssel Kichererbsen, Paprika, Tomaten, Kräuter und Hähnchenfleisch mischen.
- In einer kleinen Schüssel das Öl von den eingelegten Paprika, Essig und Senf verquirlen. Mit Salz und Pfeffer würzen. Den Couscous aufdecken, mit einer Gabel auflockern und das Dressing und die Hähnchenmischung unterrühren.

---

20 Pastasalat 250 g Pasta in leicht gesalzenem kochendem Wasser 10 Minuten weich kochen. Abgießen, unter kaltem Wasser abschrecken und abtropfen lassen. 125 g halbierte Cherrytomaten, 3 EL gehackte gemischte Kräuter, 125 g eingelegte Paprika aus dem Glas und 200 g gekochtes Barbecue-Hähnchen in Stücken dazugeben. Mit 4 EL fertigem French Dressing, 50 g schwarzen Oliven und 1 Handvoll Rucola vermischen.

30 Gefüllte Paprika Den Ofen auf 220 °C vorheizen. 4 rote Paprika halbieren, von Samen und Scheidewänden befreien und im Ofen 20 Minuten backen, bis sie weich und leicht verbrannt sind. Währenddessen 200 g Couscous in 200 ml heißer Hühnerbrühe 10 Minuten quellen lassen, bis die Brühe aufgenommen ist. Mit einer Gabel auflockern und 150 g halbierte Cherrytomaten, 3 EL gehackte Kräuter (Petersilie, Minze und Koriander), 200 g gekochtes Barbecue-Hähnchen in Stücken und 75 g gehackten Halloumi unterrühren. Die Mischung in den Paprikahälften verteilen, mit etwas Olivenöl beträufeln und unter dem Grill 5 Minuten bräunen.

30 Zitronenhähnchen mit Blattgemüse

Für 4 Personen
2 TL Sesamöl
4 Hähnchenbrustfilets ohne Haut
1 rote Chili, entkernt und gehackt
abgeriebene Schale von
1 unbehandelten Zitrone
8 EL Zitronensaft
2 Mini-Pak Choi, halbiert
1 EL Maismehl, mit 2 EL Wasser zu einer Paste verrührt

- Das Sesamöl in einer großen, schweren Pfanne erhitzen, die Hähnchenbrüste hineingeben und 5 Minuten braten, bis sie goldbraun werden, dabei einmal wenden. Die Chili mit der Zitronenschale und dem Saft in die Pfanne geben. Mit einem Deckel schließen und 15 Minuten köcheln lassen, bis das Hähnchen gar ist.
- Währenddessen den Pak Choi dämpfen oder sanft in etwas leicht gesalzenem kochendem Wasser kochen, bis er weich ist.
- Das Hähnchen aus der Pfanne nehmen und warm halten. Die Maismehlpaste in die Flüssigkeit in der Pfanne rühren, aufkochen lassen und rühren, bis die Mischung andickt. Etwas Wasser zugeben, wenn die Sauce zu dick wird. Das Hähnchen mit dem Pak Choi und der Zitronensauce servieren.

---

10 **Zitronen-Nudel-Hähnchen** 200 g Mini-Hähnchenfilets in 2 TL Sesamöl 5 Minuten braten, bis sie goldbraun und gar sind. 75 ml Zitronensauce (Zitronensaft und Gemüsebrühe zu gleichen Teilen mit etwas Sojasauce und Zucker) 300 g küchenfertiges Pfannengemüse und 150 g gekochte Nudeln zugeben. Unter Rühren 5 Minuten garen und servieren.

---

20 **Ananas-Hähnchen-Pfanne** 4 in Streifen geschnittene Hähnchenbrustfilets ohne Haut in 1 TL Sesamöl 5 Minuten braten, bis sie goldbraun und gar sind. 220 g Ananasstücke aus der Dose abgießen, den Saft aufbewahren. Ananas, 1 entkernte und gehackte rote Chili und die Blätter von 2 Pak Choi in die Pfanne geben. 3 Minuten erhitzen. Etwas vom zurückbehaltenen Ananassaft mit 1 EL Maismehl zu einer glatten Paste verrühren, dann den restlichen Saft unterrühren. In die Pfanne geben und unter Rühren kochen, bis die Mischung andickt. Mit Nudeln servieren.

20 Spanische Hähnchen-Kartoffel-Pfanne

Für 4 Personen

2 EL Olivenöl
4 Hähnchenschenkel ohne Haut und Knochen, in dünne Scheiben geschnitten
500 g Kartoffeln, in kleine Würfel geschnitten
1 rote Zwiebel, in Ringe geschnitten
1 grüne Paprikaschote, in dünne Streifen geschnitten
1 kleine rote Chili, grob gehackt
1 Knoblauchzehe, zerdrückt
1 EL geräuchertes Paprikapulver
400 g gehackte Tomaten aus der Dose
3 große Tomaten, grob gehackt
300 ml Hühnerbrühe
Salz und frisch gemahlener schwarzer Pfeffer
knuspriges Brot zum Servieren

- Das Öl in einer Pfanne erhitzen. Hähnchen, Kartoffeln, Zwiebel, grüne Paprikaschote, Chili, Knoblauch und Paprikapulver zugeben und unter Rühren bei großer Hitze 10 Minuten braten.
- Dosentomaten, frische Tomaten und Brühe zugeben und aufkochen lassen, dann die Hitze reduzieren und ohne Deckel 6–7 Minuten köcheln lassen, bis Hähnchenfleisch und Kartoffeln gar und die Tomaten weich sind. Mit Salz und Pfeffer würzen, mit knusprigem Brot servieren.

10 Tagliatelle mit Hähnchen und Chorizo

6 gehackte Hähnchenschenkelfilets ohne Haut und Knochen mit 125 g in Scheiben geschnittener Chorizo 3 Minuten anbraten. 350 ml Tomatensauce aus dem Glas oder Tetrapack dazugeben, 5 Minuten köcheln lassen. Währenddessen 400 g Tagliatelle in einem Topf in leicht gesalzenem kochendem Wasser garen, abgießen, mit der Sauce verrühren und servieren.

30 Chilihähnchen

8 Hähnchenschenkelfilets ohne Haut und Knochen hacken und in 1 EL Olivenöl mit 1 gehackten Zwiebel, 1 gehackten grünen Paprikaschote und 2 TL Chilipulver 5 Minuten braten. 1 EL Tomatenpüree mit 400 g Cannellinibohnen aus der Dose, abgegossen, und 400 g gehackte Tomaten aus der Dose zugeben. Eine Tomatensalsa aus 2 gehackten Tomaten, 1 kleinen gehackten roten Zwiebel und 1 EL gehackter Petersilie zubereiten. Das Hähnchenfleisch mit Salsa, Reis und fettarmem Naturjoghurt servieren.

20 Pilz-Hähnchen-Frittata mit Kräutern

Für 4 Personen

1 EL Olivenöl
1 Hähnchenbrustfilet ohne Haut, in Scheiben geschnitten
200 g gemischte Pilze, z. B. braune Champignons, Austernpilze und Shiitake, in Scheiben geschnitten
1 rote Paprika, gehackt
4 Frühlingszwiebeln, in Ringe geschnitten
8 Eier
3 EL gehackte Kräuter, z. B. Petersilie, Schnittlauch und Thymian
125 g fettarmer Weichkäse mit Schnittlauch
Salz und frisch gemahlener schwarzer Pfeffer

- Den Ofengrill vorheizen.
- Das Öl in einer großen antihaftbeschichteten Pfanne erhitzen. Hähnchenfleisch, Pilze, Paprika und Frühlingszwiebeln zugeben und bei großer Hitze unter Rühren 5 Minuten braten, bis das Hähnchenfleisch gar und das Gemüse weich ist.
- Die Eier mit den Kräutern verquirlen und mit Salz und Pfeffer würzen. In die Pfanne über das Fleisch und das Gemüse gießen und 5 Minuten sanft garen, bis das Ei an den Rändern gestockt ist.
- Den Weichkäse auf der Frittata verteilen und die Pfanne unter den Grill stellen. Grillen, bis die Frittata gestockt und die Oberfläche goldbraun ist. Warm oder kalt servieren.

---

10 **Pilz-Hähnchen-Pizza mit Knoblauch** Den Ofengrill vorheizen. 200 g gemischte Pilze in Scheiben in 1 EL Sonnenblumenöl 3 Minuten braten, dann 1 gekochte Hähnchenbrust in Stücken dazugeben. Einen Pizzaboden aus dem Kühlregal mit Pizzasauce bestreichen, die Pilzmischung darauf verteilen und mit fettarmem Knoblauch-Kräuter-Weichkäse belegen. Grillen, bis der Käse goldbraun und geschmolzen ist.

30 **Pastaauflauf** Den Ofengrill vorheizen. In einer großen Pfanne 2 in Scheiben geschnittene Hähnchenbrustfilets ohne Haut mit 200 g in Scheiben geschnittenen gemischten Pilzen, 1 gehackten roten Paprikaschote und 4 gehackten Frühlingszwiebeln in 1 EL Sonnenblumenöl braten. 125 g fettarmen Weichkäse mit Schnittlauch und 200 g fettarme Crème fraîche zugeben. Erhitzen und etwas heißes Wasser zugeben, wenn die Sauce zu dick wird. Mit Salz und Pfeffer würzen, 3 EL gehackte gemischte Kräuter zugeben und 250 g gekochte Pasta untermischen. In eine ofenfeste Form füllen, etwas frisch geriebenen Parmesan darüberstreuen und 5 Minuten grilllen, bis der Käse goldbraun ist.

30 Frühlingsrollen mit Hähnchen und Garnelen

Für 4 Personen

200 g küchenfertiges gemischtes Pfannengemüse
1 EL Sesamöl
1 rote Chili, entkernt und gehackt
1 cm Ingwer, gerieben
200 g gekochtes Hähnchenfleisch, in Stücken
125 g kleine TK-Garnelen ohne Schale, aufgetaut, gehackt
2 EL asiatische Wok-Sauce, Geschmacksrichtung nach Belieben
6 Blätter Filoteig
2 EL Sonnenblumenöl
Salz und frisch gemahlener schwarzer Pfeffer
Teriyaki-Sauce zum Dippen

- Den Ofen auf 220 °C vorheizen. Das Pfannengemüse grob hacken und in eine Schüssel geben. Sesamöl, Chili, Ingwer, Hähnchen, Garnelen und Sauce zugeben. Mit Salz und Pfeffer würzen und gut vermischen.
- Je ein Blatt Filoteig verarbeiten, den Rest währenddessen mit Frischhaltefolie abdecken, damit er nicht austrocknet. Jedes Blatt längs halbieren und je ein Zwölftel der Hähnchenmischung auf ein Ende jedes Streifens legen. Aufrollen, die Enden während des Rollens fest zudrücken. Auf ein Backblech legen und mit etwas Sonnenblumenöl bestreichen. Mit dem übrigen Teig ebenso verfahren, auf diese Weise zwölf Rollen formen.
- Im Ofen 15 Minuten goldbraun und knusprig backen. Mit warmer Teriyaki-Sauce zum Dippen servieren.

10 Teriyaki-Hähnchen-Rollen 12 fertige Pfannkuchen (die Sorte, die zu Pekingente serviert wird) in der Mikrowelle nach Packungsangabe aufwärmen. Mit 250 g gekochtem, in Streifen geschnittenem Hähnchenfleisch, 6 in feine Ringe geschnittenen Frühlingszwiebeln und ¼ in Stifte geschnittener Gurke füllen. Etwas Teriyaki-Sauce daraufgeben, aufrollen und servieren.

20 Hähnchen-Garnelen-Tartes aus Filoteig Den Ofen auf 220 °C vorheizen. Vier Blätter Filoteig mit etwas Sonnenblumenöl bestreichen, jedes Blatt längs halbieren und an den Enden zusammendrücken, sodass ein Kreis entsteht. Auf zwei Backblechen verteilen, mit etwas mehr Öl bestreichen und im Ofen 10 Minuten goldbraun und knusprig backen. Währenddessen 200 g küchenfertiges gemischtes Pfannengemüse, 1 gehackte rote Chili, 1 cm Ingwer, gerieben, 200 g gekochtes Hähnchenfleisch in Stücken und 125 g Garnelen ohne Schale in 1 EL Pflanzenöl unter Rühren braten. 2–3 EL Teriyaki-Sauce zugeben und erhitzen. In den Filoteig-Körbchen verteilen und mit etwas Teriyaki-Sauce zum Servieren beträufeln.

30 Hähnchen-Ratatouille

Für 4 Personen

8 kleine Hähnchenschenkel ohne Haut
1 EL Olivenöl
1 Zwiebel, gehackt
1 Aubergine, in mundgerechte Stücke geschnitten
1 grüne Paprika, in Stücke geschnitten
1 rote Paprika, in Stücke geschnitten
2 Zucchini, gehackt
1 Knoblauchzehe, zerdrückt
400 g gehackte Tomaten aus der Dose
1 Prise Zucker
1 Handvoll Basilikum, grob zerzupft
Salz und frisch gemahlener schwarzer Pfeffer

- In jeden Hähnchenschenkel ein paar Schlitze schneiden und das Fleisch mit Salz und Pfeffer würzen. Das Öl in einer großen, tiefen Pfanne erhitzen, das Hähnchenfleisch hineingeben und bei großer Hitze 5 Minuten braten, dabei gelegentlich wenden.
- Zwiebel, Aubergine, Paprika, Zucchini und Knoblauch zugeben und 10 Minuten braten, bis alles weich ist. Etwas Wasser zugeben, wenn die Mischung zu trocken wird.
- Tomaten und Zucker zugeben und mit Salz und Pfeffer würzen. Aufkochen lassen, dabei rühren. Die Hitze reduzieren, die Pfanne mit einem Deckel schließen und 15 Minuten unter gelegentlichem Rühren köcheln lassen. Das Basilikum unterrühren und servieren.

---

10 Hähnchen-Ratatouille-Pastete 800 g Ratatouille aus der Dose in einem Topf erhitzen. 250 g gekochtes Hähnchenfleisch in Stücken zugeben, erhitzen und in eine ofenfeste Form füllen. ½ in Stücke gerissenes Ciabatta darauf verteilen und mit 2 EL geriebenem Parmesan bestreuen. Einige Minuten grillen, bis das Brot getoastet ist.

20 Hähnchen-Ratatouille mit Linsen
4 Hähnchenbrüste ohne Haut und Knochen hacken und 5 Minuten in 1 EL Olivenöl braten. 1 gehackte Aubergine, 2 gehackte Zucchini, 2 eingelegte Paprika aus dem Glas, abgegossen und gehackt, 400 g gehackte Tomaten mit Knoblauch und Kräutern aus der Dose und 400 g grüne Linsen aus der Dose, abgegossen, dazugeben. Aufkochen lassen, Hitze reduzieren, mit einem Deckel schließen und 10 Minuten köcheln lassen. Vor dem Servieren mit gehacktem Basilikum bestreuen.

20 Hähnchen-Tikka-Spieße mit rotem Zwiebelrelish

Für 4 Personen

150 g fettarmer Naturjoghurt
2 EL Tandoori- oder Tikka-Paste
4 EL Zitronensaft
4 Hähnchenbrustfilets ohne Haut, in mundgerechte Stücke geschnitten
1 rote Zwiebel, in dünne Ringe geschnitten
2 EL gehackter frischer Koriander
1 EL Olivenöl
Basmatireis zum Servieren

- Den Grill vorheizen. Joghurt, Tandoori- oder Tikka-Paste und die Hälfte des Zitronensafts mischen. Das Hähnchenfleisch dazugeben und gut damit vermischen. Auf Spieße stecken und auf ein mit Alufolie ausgelegtes Backblech legen.
- Unter gelegentlichem Wenden 8–10 Minuten grillen, bis das Fleisch gar und an den Rändern leicht verbrannt ist.
- Währenddessen das Relish zubereiten. Dafür rote Zwiebel, frischen Koriander, Öl und den restlichen Zitronensaft vermischen. Mit dem Hähnchen-Tikka und Reis servieren.

---

10 **Hähnchen-Tikka-Wraps** Gekochtes Hähnchenfleisch in Stücken auf weiche Weizentortillas geben und mit gehackter Frühlingszwiebel, knackigem Salat und Gurkenstiften belegen. Etwas Zaziki daraufgeben und zusammenrollen.

30 **Hähnchen-Tikka-Masala** Das Hähnchenfleisch wie oben beschrieben zubereiten. Während es grillt, die Masalasauce zubereiten. Dafür 1 gehackte Zwiebel in 1 EL Öl anbraten, 1 zerdrückte Knoblauchzehe, 1 TL gemahlenen Kreuzkümmel, 1 TL gemahlenen Koriander und 1½ TL Garam Masala zugeben. 400 g gehackte Tomaten aus der Dose unterrühren und 10 Minuten köcheln lassen. Von der Platte nehmen und 150 g fettarmen Naturjoghurt unterrühren. Vorsichtig erwärmen, aber nicht kochen. Das gegrillte Hähnchen-Tikka von den Spießen streifen und in die Sauce rühren. Mit rotem Zwiebelrelish und Reis servieren.

30 Würzige Hähnchenschenkel mit Limette

Für 4 Personen

8 kleine Hähnchenschenkel ohne Haut
1 EL Harissa
4 EL flüssiger Honig
2 Limetten, in Spalten geschnitten
1 rote Paprika, in Stücke geschnitten
2 Zucchini, in Stücke geschnitten
1 Zwiebel, in Spalten geschnitten
300 g neue Kartoffeln, große Exemplare halbiert
1 EL Olivenöl
Salz und frisch gemahlener schwarzer Pfeffer

- Den Ofen auf 220 °C vorheizen. In jeden Hähnchenschenkel einige Einschnitte schneiden. Harissa und Honig mischen und die Hähnchenschenkel damit überall einreiben. Eine Backform, in der alle Zutaten in einer Schicht ausgelegt werden können, mit Limettenspalten, Paprika, Zucchini, Zwiebeln und Kartoffeln füllen.
- Das Öl darüberträufeln, mit Salz und Pfeffer würzen und im Ofen 25 Minuten unter gelegentlichem Wenden backen, bis das Hähnchenfleisch gar und das Gemüse weich ist. Mit dem Saft der Limettenspalten über das Fleisch geträufelt servieren.

---

10 Harissa-Hähnchen-Pitas 400 g Mini-Hähnchenfilets in 1 EL Harissa und 1 EL flüssigem Honig wenden. In 1 EL Sonnenblumenöl unter Rühren 5 Minuten braten, bis es gar ist. Mit in Streifen geschnittenem Salat, geraspelter Karotte und fettreduziertem Hummus in angewärmtem Pita servieren.

20 Würziges Pfannenhähnchen 8 kleine Hähnchenschenkelfilets ohne Haut in Streifen schneiden und in einer Mischung aus 1 EL Harissa und 1 EL flüssigem Honig wenden. 1 EL Sonnenblumenöl in einer großen Pfanne erhitzen, das Hähnchenfleisch dazugeben und bei mittlerer Hitze 5 Minuten braten. 1 in Stücke geschnittene Paprika, 2 gehackte Zucchini, 1 in schmale Spalten geschnittene Zwiebel und 2 in Spalten geschnittene Limetten zugeben. 10 Minuten unter gelegentlichem Rühren braten, bis das Hähnchenfleisch gar und das Gemüse weich ist. Mit neuen Kartoffeln servieren.

30 Kokos-Koriander-Hähnchen

Für 4 Personen
1 EL Sonnenblumenöl
4 Hähnchenbrustfilets ohne Haut
1 Bund Frühlingszwiebeln, gehackt
150 ml fettreduzierte Kokosmilch
1 EL Nam Pla (thailändische Fischsauce)
Saft von 1 Limette
1 TL Maismehl
1 kleine Handvoll Koriander, grob gehackt
1 Handvoll Kokosflocken
Salz und frisch gemahlener schwarzer Pfeffer

Zum Servieren
klebriger thailändischer Reis
Zuckererbsen

- Das Öl in einer großen Pfanne erhitzen, die Hähnchenbrüste zugeben und 5 Minuten braten, bis sie gebräunt sind, dabei einmal wenden. Das Fleisch aus der Pfanne nehmen, in Scheiben schneiden und wieder in die Pfanne geben. Frühlingszwiebeln, Kokosmilch, Fischsauce und Limettensaft zugeben. Mit Salz und Pfeffer würzen, die Pfanne mit einem Deckel schließen und 20 Minuten leise köcheln lassen, bis das Hähnchen gar ist.
- Das Maismehl mit 1 EL Wasser verrühren und zum Andicken zu der Sauce geben, wenn nötig. Die Hälfte des Korianders unterrühren und den Rest zusammen mit den Kokosflocken daraufstreuen. Mit klebrigem thailändischem Reis und Zuckererbsen servieren.

10 Hähnchensalat mit Kokos und Koriander 300 g in Scheiben geschnittenes gekochtes Hähnchenfleisch mit 2 Handvoll frischem Koriander, 125 g Sojasprossen, 125 g Zuckererbsen, 1 Handvoll Kokosflocken und ¼ gehackter Gurke vermischen. Vor dem Servieren 4 EL fettreduziertes Salatdressing aus der Flasche (z. B. thailändische Art) darüberträufeln.

20 Kokos-Koriander-Suppe mit Hähnchen 400 ml fettreduzierte Kokosmilch mit 500 ml Hühnerbrühe erhitzen. 3 Hähnchenbrüste ohne Haut in Stücken, 2 EL thailändische Fischsauce, 1 Bund gehackte Frühlingszwiebeln und 1 Handvoll Koriander, grob gehackt, dazugeben. 15 Minuten köcheln lassen. Den Saft von 1 Limette dazugeben, mit Salz und Pfeffer würzen und mit Kokosflocken und Koriander bestreut servieren.

20 Warmer Hähnchensalat mit Pinienkernen und Rosinen

Für 4 Personen

2 EL Pinienkerne
4 Hähnchenbrustfilets ohne Haut, quer halbiert
2–3 TL Paprikapulver
1 EL Olivenöl
1 Handvoll Radicchio
100 g gemischter Salat
1 rote Zwiebel, in dünne Ringe geschnitten
4 EL Sherryessig
2 TL Dijonsenf
2 EL flüssiger Honig
50 g Rosinen
Salz und frisch gemahlener schwarzer Pfeffer

- Eine antihaftbeschichtete Pfanne erhitzen. Die Pinienkerne hineingeben und ohne Fett unter stetigem Rühren goldbraun rösten, dabei aufpassen, dass sie nicht verbrennen. Aus der Pfanne auf einen Teller geben.
- Die Hähnchenbrusthälften leicht mit Paprikapulver bestreuen und mit Salz und Pfeffer würzen. Das Öl in die Pfanne geben und die Hähnchenbrüste unter gelegentlichem Wenden 10 Minuten braten, bis sie gar sind.
- Währenddessen Radicchio, Salat und rote Zwiebel vermischen und auf Teller verteilen. Das Hähnchenfleisch aus der Pfanne nehmen und Essig, Senf und Honig in die Säfte in der Pfanne rühren. Erhitzen und Rosinen und Pinienkerne zugeben. Das Dressing über den Salat geben und mit dem Hähnchen servieren.

---

10 Paprika-Hähnchen-Wraps 400 g Mini-Hähnchenfilets mit 1 TL geräuchertem Paprikapulver bestäuben. Bei großer Hitze 3 Minuten in etwas Olivenöl braten, bis das Fleisch gar ist. 1 EL Sherryessig und 1 TL Dijonsenf unterrühren, mit Salz und Pfeffer würzen und mit gemischtem Salat, darunter scharfer Rucola oder Brunnenkresse, und in dünne Ringe geschnittener roter Zwiebel auf weiche Tortilla-Wraps geben. Aufrollen und warm servieren.

---

30 Hähnchen-Rosinen-Pilaw mit Pinienkernen 250 g Basmatireis in leicht gesalzenem kochendem Wasser 10 Minuten oder nach Packungsangabe garen. 4 Hähnchenbrustfilets ohne Haut in mundgerechte Stücke schneiden und in 1 EL Olivenöl und 1 TL geräuchertem Paprikapulver mit 1 in dünne Ringe geschnittenen roten Zwiebel 5 Minuten braten. Den abgetropften Reis mit 125 g jungem Spinat, 2 EL Rosinen und 2 EL Pinienkerne zugeben. Mit Salz und Pfeffer würzen und gut vermischen.

30 Kräuterquinoa mit Zitrone und Hähnchenbrust

Für 4 Personen
200 g Quinoa
1 EL Olivenöl
1 Zwiebel, gehackt
1 Knoblauchzehe, zerdrückt
4 Hähnchenbrustfilets ohne Haut, in Scheiben geschnitten
1 TL gemahlener Koriander
½ TL gemahlener Kreuzkümmel
50 g getrocknete Cranberries
75 g getrocknete Soft-Aprikosen, gehackt
4 EL gehackte Petersilie
4 EL gehackte Minze
abgeriebene Schale von 1 unbehandelten Zitrone
Salz und frisch gemahlener schwarzer Pfeffer

- Den Quinoa in einem Topf mit leicht gesalzenem kochendem Wasser 15 Minuten weich kochen, dann abgießen.
- Währenddessen das Öl in einer großen Pfanne erhitzen, die Zwiebel zugeben und unter Rühren 5 Minuten braten, bis sie weich ist. Knoblauch, Hähnchenfleisch, Koriander und Kreuzkümmel zugeben und weitere 8–10 Minuten braten, bis das Hähnchen gar ist.
- Den Quinoa mit Salz und Pfeffer würzen. Hähnchenmischung, Cranberries, Soft-Aprikosen, Kräuter und Zitronenschale zugeben. Gut verrühren und warm oder kalt servieren.

---

10 Marokkanischer Hähnchen-Aprikosen-Couscous 100 g Couscous (z. B. marokkanische Art) in einer Schüssel mit kochendem Wasser bedecken, mit Frischhaltefolie abdecken und 8 Minuten quellen lassen. Wenn das Wasser aufgenommen ist, 250 g gekochtes Hähnchenfleisch in Stücken, 125 g Soft-Aprikosen und 250 g abgetropfte Kichererbsen aus der Dose hinzufügen.

20 Koriandercouscous mit Zitrone und Hähnchenfleisch 200 g Couscous in einer Schüssel mit kochendem Wasser bedecken, die Schüssel mit Frischhaltefolie abdecken und 10 Minuten quellen lassen. Währenddessen 1 gehackte Zwiebel, 1 zerdrückte Knoblauchzehe und 4 gehackte Hähnchenbrustfilets ohne Haut in 1 EL Olivenöl 10 Minuten braten, bis das Hähnchenfleisch gar ist. Wenn der Couscous das Wasser aufgenommen hat, mit einer Gabel auflockern, mit Salz und Pfeffer würzen und die Hähnchenmischung mit 4 EL gehacktem frischem Koriander, abgeriebener Schale von 1 unbehandelten Zitrone und 3 EL Rosinen unterrühren.

20 Hähnchen-Köfte

Für 4 Personen

500 g Hähnchenhack
2 Knoblauchzehen, zerdrückt
1 TL gemahlener Kreuzkümmel
2 TL gemahlener Koriander
2 TL frischer Koriander

Für das Dressing

200 g fettarmer Naturjoghurt
1 EL Minzsauce
¼ Gurke, grob geraspelt und Flüssigkeit ausgedrückt
Salz und frisch gemahlener schwarzer Pfeffer

- Hähnchenhack, Knoblauch, Kreuzkümmel, gemahlenen und frischen Koriander in eine Schüssel geben. Mit Salz und Pfeffer würzen und gut vermischen.
- Mit feuchten Händen 12 gleichgroße Würstchen aus der Mischung formen und auf Spieße spießen, gut festdrücken. 10 Minuten grillen, dabei gelegentlich wenden, bis das Hack gar und goldbraun ist.
- Währenddessen Joghurt, Minzsauce und Gurke vermischen. Die Köfte von den Spießen streifen und in angewärmten Pitas mit Salatblättern, Tomaten und dem Joghurtdressing servieren.

---

10 Würziges Hähnchenhack mit Pita

500 g Hähnchenhack bei großer Hitze mit 1 TL Knoblauchpaste, 1 TL gemahlenem Kreuzkümmel, 2 TL gemahlenem Koriander und 1 TL getrocknetem Oregano in 1 EL Sonnenblumenöl braten. Damit die Mischung flüssig bleibt, etwas Wasser zufügen. 150 g TK-Erbsen unterrühren. 8 Minuten braten und mit angewärmtem Pita, Raita-Dip oder Zaziki servieren.

---

30 Schnelle Moussaka

500 g Hähnchenhack in 1 EL Sonnenblumenöl braten, bis es braun ist. 1 zerdrückte Knoblauchzehe, 1 TL gemahlenen Kreuzkümmel, 2 TL gemahlenen Koriander und 400 g gehackte Tomaten aus der Dose zugeben. 10 Minuten köcheln lassen. Währenddessen 1 Aubergine in dünne Scheiben schneiden, mit etwas Öl bestreichen und in der heißen Pfanne 2 Minuten auf jeder Seite braten. Die Hackmischung in eine Auflaufform geben und die Auberginenscheiben darauflegen. Mit 200 g fettarmem Naturjoghurt, mit 1 Ei verrührt, bedecken. Den Auflauf unter dem Grill backen, bis er goldbraun ist und der Belag Blasen wirft. Mit einem Salat servieren.

10 Hähnchenpfanne mit Chili und Basilikum

Für 2 Personen

1 EL Pflanzenöl
2 Schalotten, in Ringe geschnitten
1 rote Chili, entkernt und in Ringe geschnitten
1 Knoblauchzehe, in Scheiben geschnitten
400 g Mini-Hähnchenfilets
1 EL thailändische Fischsauce
1 TL Sojasauce
1 kleine Handvoll Basilikum
geröstete Kokosflocken zum Garnieren nach Belieben

- Das Öl in einem großen Wok oder einer großen Pfanne erhitzen. Schalotten, Chili und Knoblauch zugeben und 1 Minute mitbraten. Mit einem Schaumlöffel herausnehmen und warm halten.
- Das Hähnchen in die Pfanne geben und unter Rühren 5 Minuten braten, bis es gar ist und zu bräunen beginnt. Die Schalottenmischung zufügen, dann Fischsauce, Sojasauce und Basilikum zugeben und 1 Minute braten, bis das Basilikum beginnt zusammenzufallen. Nach Belieben mit den gerösteten Kokosflocken bestreut servieren.

---

20 Hähnchen-Basilikum-Suppe 2 gehackte Schalotten, 1 gehackte rote Chili, 1 zerdrückte Knoblauchzehe und 250 g Mini-Hähnchenfilets in 500 ml heiße Hühnerbrühe geben. 10 Minuten köcheln lassen, dann 150 g gekochte Nudeln, 1 EL thailändische Fischsauce, 1 TL Sojasauce und 1 kleine Handvoll Basilikum zugeben. 5 Minuten weiterköcheln lassen und mit gerösteten Kokosflocken bestreut servieren.

---

30 Frühlingsrollen Den Ofen auf 220 °C vorheizen. 4 Blätter Filoteig mit etwas Öl bestreichen. Die Hähnchenpfanne wie oben beschrieben zubereiten und ein Viertel der Mischung auf jedes Teigblatt geben. Zu vier Päckchen aufrollen, dabei die Enden zusammendrücken. Mit etwas Öl beträufeln, mit Sesamsamen bestreuen und im Ofen 10 Minuten knusprig und goldbraun backen. Mit süßer Chilisauce zum Dippen servieren.

30 Gebratenes Hähnchen mit Zitrone, Oliven und Safran

Für 4 Personen

1 Prise Safranfäden
4 Hähnchen-Drumsticks ohne Haut
4 kleine Hähnchenschenkel ohne Haut
1 Zitrone, halbiert
2 EL flüssiger Honig
150 ml trockener Weißwein
125 g grüne Oliven
Salz und frisch gemahlener schwarzer Pfeffer
2 EL grob gehackte glatte Petersilie zum Garnieren

- Den Ofen auf 220 °C vorheizen. Den Safran in 1 EL kochendem Wasser auflösen. Einige Schlitze in die Oberfläche jedes Fleischstücks schneiden und das Fleisch mit Salz und Pfeffer würzen. Das Hähnchenfleisch in einen großen Bräter oder eine Auflaufform füllen und die Zitronenhälften darüber ausdrücken.
- Den Honig darüberträufeln, die eingeweichten Safranfäden mit dem Einweichwasser darübergeben und den Wein zufügen. Im Ofen 20 Minuten backen, dabei hin und wieder mit den Säften begießen. Dann die Oliven zugeben und weitere 5 Minuten backen, bis das Hähnchenfleisch gar ist.
- Mit Petersilie bestreuen und mit neuen Kartoffeln und grünen Bohnen servieren.

---

10 Zitronen-Hähnchen-Pfanne 1 EL Sonnenblumenöl in einem Wok oder einer großen Pfanne erhitzen, 400 g Mini-Hähnchenfilets zugeben und unter Rühren bei großer Hitze 5 Minuten braten. 1 EL flüssigen Honig, 4 EL Zitronensaft, 4 EL trockenen Weißwein und 125 g grüne Oliven zugeben. 2 Minuten erhitzen, mit Salz und Pfeffer würzen und mit Couscoussalat servieren.

20 Gebackenes Hähnchen mit Oliven und Couscous Den Ofen auf 220 °C vorheizen. 1 Prise Safranfäden in 1 EL kochendem Wasser einweichen. 4 Hähnchenbrustfilets ohne Haut in je drei Stücke schneiden und mit 2 halbierten Zitronen in einen Bräter legen. 1 EL flüssigen Honig, den Safran mit der Einweichflüssigkeit und 150 ml trockenen Weißwein darübergeben. Mit Salz und Pfeffer würzen und im Ofen 15 Minuten backen, bis das Hähnchenfleisch gar ist. 125 g grüne Oliven unterrühren, mit 2 EL gehackter Petersilie bestreuen und mit Couscous servieren.

20 Joghurthähnchen-Spieße mit griechischem Salat

Für 4 Personen

150 g fettarmer Naturjoghurt
1 Knoblauchzehe, zerdrückt
2 EL Olivenöl
abgeriebene Schale und Saft von 1 unbehandelten Zitrone
1 TL gemahlener Kreuzkümmel
4 Hähnchenbrustfilets ohne Haut, in mundgerechte Stücke geschnitten
½ Gurke, gehackt
1 rote Zwiebel, in Ringe geschnitten
4 Tomaten, in schmale Spalten geschnitten
16 schwarze Oliven
200 g Feta, zerkrümelt
1 kleiner Romanasalat, zerzupft

Für das Dressing

1 EL Zitronensaft
2 EL Olivenöl
1 EL gehackter frischer Oregano oder ½ TL getrockneter Oregano

- Acht kleine Holzspieße in Wasser einweichen und den Ofengrill vorheizen. Joghurt, Knoblauch, Olivenöl, Zitronenschale und -saft und Kreuzkümmel in einer Schüssel mischen. Das Hähnchenfleisch hinzufügen, gut darin wenden und auf die acht Spieße stecken. Auf ein mit Alufolie ausgelegtes Backblech legen.
- Unter dem Grill 10 Minuten grillen, dabei gelegentlich wenden, bis das Hähnchen gar und stellenweise knusprig ist.
- Währenddessen Gurke, Zwiebel, Tomaten, Oliven, Feta und Salat in einer Salatschüssel mischen.
- Das Dressing zubereiten. Dafür Zitronensaft, Öl und frischen oder getrockneten Oregano verquirlen. Das Dressing über den Salat geben und vorsichtig unterheben. Mit den Hähnchenspießen servieren.

---

10 Gegrilltes Joghurthähnchen-Ciabatta mit Spinat Die Hähnchenspieße wie oben beschrieben zubereiten. 1 Ciabatta längs halbieren und mit Mayonnaise bestreichen. Mit 1 Handvoll jungem Spinat, etwas Tomaten-Chili-Konfitüre und den heißen Hähnchenspießen servieren.

30 Joghurthähnchen-Bulgur-Salat Die Hähnchenspieße wie oben beschrieben zubereiten. Während sie grillen, 75 g Bulgur mit 400 ml kochendem Wasser in einen Topf geben. Mit einem Deckel schließen und 15 Minuten quellen lassen, bis die Flüssigkeit aufgenommen ist. Leicht abkühlen lassen, dann mit ½ gehackten Gurke, 1 in Ringe geschnittenen roten Zwiebel, 4 gehackten Tomaten, 16 schwarzen Oliven, 200 g zerkrümeltem Feta und je 2 EL gehackter Petersilie und gehackter Minze mischen.

20 Hähnchenbrust mit Cashewkernen und Austernsauce

Für 2 Personen

50 g ungesalzene Cashewkerne
1 TL Sesamöl
2 Hähnchenbrustfilets ohne Haut, in Streifen geschnitten
1 Knoblauchzehe, zerdrückt
1 cm Ingwer, gerieben
125 g Austernpilze, in Scheiben geschnitten
4 Frühlingszwiebeln, diagonal in dicke Ringe geschnitten
125 g TK-Sojabohnen
6 EL Austernsauce

- Einen Wok oder eine große Pfanne erhitzen, die Cashewkerne hineingeben und unter Rühren 1 Minute goldbraun rösten, dabei aufpassen, dass sie nicht verbrennen. Auf einen Teller geben und beiseitestellen.
- Das Öl mit den Hähnchenstreifen in die Pfanne geben und unter Rühren 3 Minuten braten, bis sie goldbraun und gar sind.
- Knoblauch, Ingwer, Pilze und Frühlingszwiebeln zugeben und 2 Minuten braten, bis Pilze und Zwiebel gerade weich sind. Sojabohnen und Austernsauce dazugeben, aufkochen und 2 Minuten köcheln lassen, etwas Wasser zugeben, wenn die Mischung zu trocken wird. Vor dem Servieren die gerösteten Cashewkerne daraufstreuen.

10 Ingwerhähnchen-Reis-Pfanne 2 gehackte Hähnchenbrustfilets ohne Haut in einer großen Pfanne mit 1 TL Sonnenblumenöl, 1 TL Knoblauchpaste, 1 TL Ingwerpaste, 4 in Scheiben geschnittenen Frühlingszwiebeln und 125 g TK-Sojabohnen braten. 250 g gebratenen Reis und 1 Spritzer süße Chilisauce und Sojasauce dazugeben und unter Rühren erhitzen.

30 Zitronenhähnchen mit Cashewkernen 50 g ungesalzene Cashewkerne in einer trockenen Pfanne oder einem Wok goldbraun rösten. Aus der Pfanne nehmen, dann 1 TL Sonnenblumenöl darin erhitzen und 2 in Streifen geschnittene Hähnchenbrustfilets ohne Haut 3 Minuten darin braten. 1 zerdrückte Knoblauchzehe, 1 cm geriebenen Ingwer, 1 gehackte rote Chilischote, 4 diagonal in Ringe geschnittene Frühlingszwiebeln und 125 g TK-Sojabohnen zugeben und 5 Minuten braten. 4 EL Hühnerbrühe, 4 EL Zitronensaft, 1 TL Sojasauce und 1 TL Maismehl mit etwas Wasser zu einer Paste rühren. Unterrühren, bis die Mischung andickt, dann die Cashewkerne darüberstreuen und servieren.

Stichwortregister

Die Seitenzahlen in kursiver Schrift verweisen auf Fotos.

Hähnchenschenkel

Hähnchenspieße

Für die englische Ausgabe

Chefredakteurin: Eleanor Maxfield
Leitende Redakteurin: Sybella Stephens
Lektorat: Lydia Darbyshire
Art-Direktor: Tracy Killick
Designkonzept und Layout: www.gradedesign.com
Grafik & Bildbearbeitung: Sally Bond
Fotos: Lis Parsons
Rezepte: Emma Jane Frost
Food-Styling: Liz Hippisley
Produktionsleitung: Caroline Alberti